GRUPPENRITUALE

Evangelisches Stadtjugendpfarramt
Stalburgstraße 38, 60318 Frankfurt/M.
Tel. 069/959149-0; Fax: 069/552676

Klaus W. Vopel

GRUPPENRITUALE

Mit dem Herzen sehen lernen

iskopress

Die Deutsche Bibliothek – CIP-Einheitsaufnahme

Vopel, Klaus W.:
Gruppenrituale : mit dem Herzen sehen lernen /
Klaus W. Vopel. – 1. Aufl. – Salzhausen : iskopress, 1997
ISBN 3-89403-097-6

1. Auflage 1997
ISBN 3-89403-097-6

Satz und Layout: E. Velina
Umschlag: Mathias Hütter, Schwäbisch Gmünd
Druck: Runge, Cloppenburg

INHALT

〰〰〰

EINLEITUNG

Im Ritual verbinden sich
Himmel und Erde in Harmonie,
Sonne und Mond scheinen,
die vier Jahreszeiten
folgen einander regelmäßig,
Sterne und Planeten
ziehen ihre Bahn,
die Flüsse strömen
und alles nimmt seinen guten Lauf.
Hsün Tzu*

Rituale können für jede Form der Gruppenarbeit eine wesentliche Bereicherung sein, für Lern-, Trainings- und Therapiegruppen. In einer Zeit zunehmender Unsicherheit und großer Veränderungen wächst das Bedürfnis nach bedeutungsvollen Ritualen, in denen wir unsere Sehnsucht nach Gemeinschaft, Selbstachtung und Sinn ausdrücken können.

Unser gesamtes Leben ist durch Rituale geprägt. Die großen Ereignisse in unserem Lebenslauf werden durch Rituale gefeiert – Geburten, Hochzeiten und Todesfälle, Geburtstage, Umzüge, Jubiläen, bestandene Prüfungen und Pensionierungen.

Aber auch unser Alltag ist von Ritualen begleitet: die Mahlzeiten am Familientisch, Begrüßungen und Abschiede, Konferenzen und Partys. Viele alltägliche Rituale verlaufen automatisch und ohne große innere Beteiligung. Und auch die wichtigen Übergangsrituale erscheinen uns oft mechanisch und leer. Selbst die religiösen Rituale wie Gottesdienst, Abendmahl, Taufe und Konfirmation inspirieren uns kaum noch. Sie bieten wenig Raum für Spontaneität und ein Mitschwingen der Seele.

---

*Basic Writings. New York, Columbia University Press, 1963.

Mit einer gewissen Berechtigung können wir von einer Krise unserer Rituale sprechen. Es scheint so zu sein, daß diese Rituale ihren Zauber und jene ungeheure Wirksamkeit verloren haben, auf die der alte chinesische Text anspielt, mit dem wir begonnen haben.

Ich glaube, es ist angebracht, daß wir als Gruppenleiter die frustrierten rituellen Sehnsüchte unserer Zeit aufgreifen. Wir können etwas sehr Wichtiges für uns selbst und für unsere Teilnehmer erreichen, wenn wir von Zeit zu Zeit unsere Gruppenarbeit durch die sehr, sehr alte Praxis von Ritualen beleben. Und wir wissen, daß Rituale so alt sind wie die Menschheit und daß sie die Grundlage waren für die Entwicklung der Kultur, für die Entwicklung der Sprache, für die Entwicklung der Religion und sicher auch für die Entwicklung der Psychotherapie.[*]

Wenn wir also in unseren Gruppen mit Ritualen arbeiten, tun wir eigentlich nichts Neues und nichts technisch besonders Raffiniertes. Wir gehen nur zurück auf ganz elementare Formen der Interaktion, die schon immer geholfen haben, Menschen miteinander zu verbinden.

Sie finden in diesem Buch ein breites Spektrum von Gruppenritualen, die zu allen möglichen Gruppen passen: klassische und neu entwickelte, einfache und komplexe, ernste und heitere. Einige Rituale sind eher theatralisch-expressiv, andere sind überwiegend still und meditativ. Manche Rituale wirken sehr spielerisch oder sogar närrisch, andere bewirken eine eher philosophische oder religiöse Atmosphäre.

Diese große Bandbreite der verschiedenen Rituale ist auch als ein Hinweis darauf zu verstehen, daß die Sphäre des Rituals etwas zu tun hat mit Kreativität, Überraschung und Lebendigkeit. Natürlich soll der Formenreichtum der ausgewählten Rituale es Ihnen außerdem leichter machen, etwas Passendes für ganz unterschiedliche Gruppen und Gelegenheiten zu finden.

Aber es gibt auch wichtige Gemeinsamkeiten, die wir in all diesen Ritualen entdecken können: Jedes Ritual hat sein eigenes Thema, das durch eine symbolische Handlung entfaltet wird. Jedes Ritual sorgt durch seine spezifische Struktur für eine neue Ordnung der Gruppen-

---

[*]Tom F. Driver: The Magic of Ritual. Our Need for Liberating Rites that Transform our Lives and Our Communities, HarperSanFrancisco, 1991.

aktivität. Vor allem aber verändert jedes Ritual für eine gewisse Weile das Statussystem der Gruppe. Dies ist ein besonders wichtiges Merkmal, das ich kurz erklären möchte:

In jeder Gruppe haben wir, wie sonst auch im Alltag, Statusdifferenzen. Der Gruppenleiter ist der Experte für das Thema bzw. für die Gruppenaufgabe. Er hat spezifische Rechte und Pflichten. Und auch bei den Teilnehmern können wir Statusdifferenzen beobachten, mitgebrachte und solche, die im Laufe des Gruppenprozesses entstehen.

Tendenziell heben Rituale solche Macht- und Einflußdifferenzen zeitweilig auf. Sie betonen die Homogenität der Gruppe, die Gleichberechtigung und Gleichheit der Teilnehmer; sie relativieren auch männliche und weibliche Rollen und die Differenzen zwischen Leitung und Mitgliedschaft.

Für Sie als Gruppenleiter ergibt sich hier eine wesentliche Veränderung. Ihre Rolle im Ritual ist weniger die des psychologischen Experten, des Trainers oder Therapeuten, sondern eher die eines Schamanen oder Zeremonienmeisters. Etwas poetischer könnte man sagen, daß Sie der Hüter der rituellen Ordnung sind. Sie müssen niemandem helfen, Sie brauchen keine Interventionen zu machen, Sie können darauf verzichten, Interpretationen zu geben. Statt dessen nehmen Sie fast immer selbst teil.

Darum empfehle ich Ihnen auch, normalerweise am Ende eines Rituals keine Auswertung zu machen. Diese würde den Zauber des Rituals stören, es ist viel eleganter, wichtige Ergebnisse später in die Gruppenarbeit einfließen zu lassen.

Zu Beginn diese Bandes finden Sie kürzere Rituale für den Beginn einzelner Sitzungen oder Workshops. Im zweiten Teil folgen dann Rituale zu Themen, die für die meisten Gruppen von Bedeutung sind. Sie können die Rituale in der hier vorgeschlagenen Struktur erproben, aber Sie sind natürlich frei, Abwandlungen vorzunehmen, um sie noch besser an den spezifischen Gruppenprozeß, an die Bedürfnisse und Möglichkeiten Ihrer Teilnehmer anzupassen. Wenn Sie dasselbe Ritual in unterschiedlichen Gruppen erproben, dann empfehle ich Ihnen sogar, mit kleinen Veränderungen zu experimentieren. Das ist nicht nur für Ihre Kreativität als Gruppenleiter gut, sondern es gibt Ihnen auch als Teilnehmer des Rituals ein besseres Gefühl. Rituale bleiben lebendig durch die Veränderungen, die wir vornehmen, denn der Kern des Rituals ist die Grenzüberschreitung. Sie überschreiten die Regeln und Erwartungen, die die Gesellschaft normalerweise an unser Verhalten heranträgt. Rituale haben ihren eigenen Verhaltenskodex, zum Teil ermöglichen sie spontanes, freies Verhalten. Im selben Atemzug experimentieren Rituale mit einer neuen Ordnung wie mit einer spielerischen Freiheit. Und weil sie spielerisch sind, können Rituale auch einen Fehlschlag verkraften. Weil sie nicht im üblichen Sinne erfolgreich sein müssen, haben sie paradoxerweise eine hohe Chance, daß sie ihr Ziel erreichen, nämlich Gemeinschaft zu erzeugen, Freiheit und Verantwortung und das Erlebnis, auf eine besonders intensive Weise mit dem Leben verbunden zu sein.

Ich wünsche Ihnen gute Erfahrungen bei der Arbeit mit diesen Ritualen und den Mut, daß Sie zu der Renaissance lebendiger Rituale beitragen mögen.

Salzhausen, im März 1997
Klaus W. Vopel

TEIL 1

Einfache Rituale zum Anwärmen

CRESCENDO
Alter: ab 14 Jahren
Dauer: 10 – 15 Minuten

Dies ist ein ganz einfaches Ritual, das die Gruppe zusammenführt und jedem hilft, sich zugehörig und wichtig zu fühlen. Außerdem prägen sich auf diese Weise allen die Namen der Gruppenmitglieder ein.

Bitte stellt euch im Kreis zusammen hin. Ich möchte euch zu einem Begrüßungsritual einladen. Ich glaube, jeder von uns möchte sich zu unserer Gruppe zugehörig fühlen. Jeder möchte, daß die anderen ihn wahrnehmen, ihn respektieren und sich freuen, daß er hier ist. Das Ritual, das ich euch jetzt vorschlage, kann dazu einen Beitrag leisten.

Zuerst können wir alle gemeinsam üben, was wir in diesem Ritual tun werden. Geht bitte in die Hocke und fangt dann gleich an, euren Namen zu flüstern. Während ihr langsam, langsam in die Höhe kommt, bis ihr auf euren Zehenspitzen steht und die Arme hoch nach oben reckt, sagt ihr euren Namen immer lauter. Wenn ihr ganz oben angekommen seid, stoppt kurz und geht dann langsam, langsam wieder hinab, bis ihr wieder in der Hocke angekommen seid. Dabei werdet ihr leiser und leiser, bis ihr euren Namen nur noch ganz sanft flüstert. Beginnt jetzt, langsam hochzukommen...
Jetzt wißt ihr, warum dieses Ritual „Crescendo" heißt. Gleich soll jeder von euch sein eigenes Crescendo dirigieren. Mein linker Nachbar kann beginnen und uns zunächst laut seinen Namen sagen. Dann gehen wir alle in die Hocke, und er leitet uns an, gemeinsam mit ihm aus der Hocke hochzukommen und lauter und lauter seinen Namen zu sagen, genauso, wie wir das alle in der ersten Runde praktiziert haben...
Anschließend geht es weiter im Uhrzeigersinn im Kreis herum, bis wir alle Gruppenmitglieder auf diese Weise begrüßt haben. ■

DIE ENERGIE DER GRUPPE SPÜREN

Alter: ab 16 Jahren
Dauer: 5 Minuten

Dieses Ritual hilft den Teilnehmern, wach und aufmerksam zu werden und sich mit den übrigen verbunden zu fühlen.

Setzt euch bitte im Kreis zusammen auf den Boden.
Jede Gruppe entwickelt eine gemeinsame Energie. Das ist eine feine Kraft, die wir spüren können. Diese Kraft ist nicht immer gleich stark. Während ihr jetzt im Kreise sitzt, macht euch klar, wie stark die Energie in der Gruppe im Augenblick ist. Fühlst du selbst dich wach? Bist du ganz aufmerksam? Bist du aufgeregt? Bist du ruhig oder ängstlich? Fühlst du dich angespannt oder locker?... (15 Sekunden)
Unsere persönliche Energie bewegt sich auf unserer Wirbelsäule hinauf und hinunter. Setz dich bitte gerade hin, so gerade wie möglich, ohne daß du dich anstrengen mußt... Sitze einen Moment so... So ist es gut. Bemerke, daß sich dein Energiezustand verändert hat. Fühlst du dich wacher? Spürst du deinen Körper deutlicher?... (15 Sekunden)
Mit deinem Atem strömt Energie in deinen Körper hinein und aus deinem Körper hinaus. Dein Atem aktiviert die Energie in deinem Körper. Hol jetzt einmal ganz tief Luft. Atme tief, tief hinein in deinen Bauch. Benutze dazu dein Zwerchfell, deinen Bauch. Dabei soll dein Bauch nach vorne kommen, wenn du einatmest, und wieder zurückgehen, wenn du ausatmest... Bei jedem Atemzug kannst du deinen Bauch schön voll machen und spüren, wie du dich dabei entspannst und wie du wach wirst... (2 Minuten)
Schau dich um und bemerke, wie sich auch der Energiestand der Gruppe verändert hat... (15 Sekunden)

Nun kannst du deine Arme ausstrecken und die Hände deiner Nach-barn fassen, so daß wir uns alle im Kreis miteinander verbinden. Atme weiter tief ein und aus... Nun spüre, wie die Energie im Kreis herum strömt. Vielleicht spürst du ein leichtes Kribbeln oder du bemerkst etwas Wärme oder vielleicht etwas Kälte. Jeder kann die Energie der Gruppe ganz unterschiedlich wahrnehmen. Einige können sie vielleicht sogar sehen wie einen Lichtschein oder wie tanzende Funken in der Mitte des Kreises. (1 Minute)

Nun hol noch einmal tief Luft und sauge die Energie des Himmels in dich ein, als ob du sie durch einen Strohhalm trinkst. Spüre, wie die Energie deine Wirbelsäule hinunterströmt und nach unten in die Erde fließt. Laß die Hände los und lege die Händflächen auf den Boden. Gönn dir für einen Augenblick ein tiefes Gefühl der Entspannung. ■

PYRAMIDE DER KRAFT

Alter: ab 14 Jahren
Dauer: 5 Minuten

Dies ist ein zweiteiliges Ritual. Im ersten Teil können die Teilnehmer miteinander Kontakt aufnehmen, sich entspannen und konzentrieren. Im zweiten Teil können sie ihre Energie mobilisieren und ganz wach und munter werden.

Setzt euch in einem engen Kreis auf den Boden. Die Füße stehen flach auf dem Boden und die Knie sind leicht gebeugt. Alle Füße sollen sich mit den Seiten berühren.

Nun faßt einander bei den Händen, die linke Handfläche nach oben, die rechte Handfläche nach unten. Jetzt beugt euch langsam nach vorn, um mit den Händen die Füße zu berühren, so daß eure Köpfe gebeugt und zwischen euren Armen sind. Bleibt einen Augenblick in dieser Position und fangt an, leise zusammen zu summen... Laßt euer Summen lauter werden, wenn ihr euch jetzt langsam wieder aufrichtet, eure Köpfe höher kommen und eure miteinander verbundenen Hände sich nach oben strecken... Während ihr langsam höher und höher kommt, könnt ihr mit eurem inneren Auge eine Blüte sehen, die sich langsam öffnet...

Und wenn ihr mit den Händen so hoch gekommen seid, wie es nur geht, dann laßt eure Hände miteinander verbunden bleiben und rollt langsam nach hinten, bis ihr flach auf dem Boden liegt. Streckt eure Hände nach hinten, so daß die ganze Gruppe wie eine wunderschöne, große, sternförmige Blüte aussieht. Bleibt eine Weile still liegen und entspannt euch. Atmet gemeinsam und spürt eure Verbundenheit, alles, was ihr miteinander gemeinsam habt. Spürt genauso eure Individualität, all die Dinge, die jeden von euch einzigartig machen.

Nun könnt ihr die Hände loslassen und euch hinstellen. Wir werden gleich gemeinsam eine Pyramide der Kraft bilden. Gebt einander wieder die Hände und beginnt, langsam im Kreis im Uhrzeigersinn herumzugehen. Während ihr so herumgeht, könnt ihr euch vorstellen, daß ihr in der Mitte des Kreises eine Pyramide der Kraft entstehen laßt. Ihr könnt dieser Pyramide irgendeine Farbe geben und zusehen, wie sie langsam, Schicht um Schicht, nach oben wächst, je schneller ihr im Kreis herumgeht. Werdet schneller und schneller, und während ihr anfangt zu laufen, werdet ihr miteinander singen, bis jeder von euch das Empfinden hat, daß die Pyramide der Kraft ganz gefüllt ist, so daß die Energie oben herausfließt. Dann laßt euch alle auf den Boden fallen und stellt euch vor, daß die Energie aus der Pyramide über euch fließt wie der Strahl eines Springbrunnens, von dem jeder das nehmen kann, was er braucht. ■

MIT DER GRUPPE ATMEN

Alter: ab 14 Jahren
Dauer: 2 – 3 Minuten

Hier können sich die Teilnehmer gemeinsam auf die Sitzung vorbereiten, sich konzentrieren und wach werden.

Setzt euch im Kreis auf den Boden und gebt einander die Hände... Macht den Rücken ganz gerade.

Und nun schließt eure Augen... Laßt uns anfangen, im gleichen Rhythmus zu atmen, ganz tief aus dem Bauch heraus. Atmet ein... atmet aus... atmet wieder ein... atmet wieder aus... atmet wieder ein... atmet wieder aus... bleibt in diesem Rhythmus. Spürt, wie ihr euch entspannt, während ihr atmet. Spürt, wie ihr euch stärker fühlen könnt bei jedem Atemzug... Spürt, wie ihr euch erfrischt... Spürt bei jedem Atemzug, wie eure Sorgen von euch wegfließen... Spürt, wie ihr wach werdet, wenn wir gemeinsam atmen... Einatmen... ausatmen... einatmen... ausatmen...

Stellt euch vor, wie unser Atem in der Mitte des Kreises zusammenströmt, wenn wir gemeinsam atmen... wenn wir gemeinsam einatmen und gemeinsam ausatmen... wenn wir als eine Gruppe atmen, als ein lebender Organismus... Und mit jedem Atemzug werden wir eine Gruppe, ein Lebewesen... (1 Minute)

Und nun könnt ihr die Hände loslassen und eure Handflächen einen Augenblick auf den Boden legen. Atmet einmal tief aus und schaut euch im Kreise um, erfrischt und wach. ■

EIN HERZ AUS HÄNDEN

Alter: ab 16 Jahren
Dauer: 5 Minuten

Dies ist ein sehr poetisches Ritual, das den Teilnehmern hilft, sich zu zentrieren und sich liebevoll miteinander verbunden zu fühlen. Es ist ein sehr schöner Beginn für eine Gruppensitzung. Gleichzeitig eignet sich das Ritual auch für den Abschluß eines Arbeitsabschnittes.

〰〰〰〰〰〰〰

Stellt euch im Kreis zusammen hin, ungefähr eine Armlänge voneinander entfernt, und schließt die Augen. Bemerkt, was in eurem Körper vorgeht. Bemerkt, welche Gedanken oder Bilder euch durch den Sinn gehen.

Nun streckt eure Hände nach beiden Seiten aus und berührt die Arme und Hände, die ihr dort trefft. Begrüßt diese Arme und Hände... Wie fühlen sie sich an?... (30 Sekunden)

Bleibt in Kontakt mit diesen Händen und bringt eure Hände nun gemeinsam langsam in die Mitte des Kreises. Geht mit geschlossenen Augen ein paar kleine Schritte nach vorn, so daß sich eure Schultern berühren. Stellt euch vor, daß sich all diese verschiedenen Hände in der Mitte treffen und in der Mitte des Kreises ein großes Herz bilden, das in einem langsamen, gleichmäßigen Rhythmus schlägt. Während eure Hände im Kreis zusammenkommen, laßt das Herz langsam arbeiten, indem es sich zusammenzieht und wieder ausdehnt...

Stellt euch vor, daß eure Arme die Blutgefäße sind, durch die das Blut strömt, das zum Herzen fließt und vom Herzen zurückkommt, um euch mit frischem Sauerstoff zu versorgen und mit allem, was ihr zum Leben braucht, verbunden in einem einzigen Blutkreislauf, der euch alle miteinander verbindet... Und langsam, ganz langsam könnt ihr euren Händen die Regie übergeben und sie Teil dieses lebendigen, schlagenden Herzens werden lassen.

Dieses Herz wird immer ruhiger und gleichmäßiger schlagen und allmählich eine eigene Existenz beginnen... Konzentriert eure Aufmerksamkeit auf dieses lebendige Herz und bemerkt, wie der Rhythmus des Herzschlags sich ganz von selbst von Zeit zu Zeit verändert. (1 Minute)

Und nun könnt ihr ganz langsam die Augen öffnen und auf das schlagende Herz sehen und auf all die Adern... Dann schaut schweigend in die Gesichter der anderen Gruppenmitglieder, während ihr weiter spürt, wie das Herz schlägt und das Blut weiterpumpt, das euch alle verbindet und ernährt... (1 Minute)

Und nun nehmt eure Hände langsam zu euch zurück, geht einen Schritt rückwärts und bemerkt, was ihr in euren Körpern fühlen könnt und was euch jetzt durch den Sinn geht. ■

WIR-GEFÜHL
Alter: ab 18 Jahren
Dauer: 45 Minuten

Das folgende Experiment ist wunderbar dazu geeignet, das Wir-Gefühl einer Gruppe zu stärken. Jedes Gruppenmitglied kann sich durch die besondere Struktur des Rituals in einem hohen Maße zur Gruppe zugehörig und darüber hinaus lebendig und kreativ fühlen.
Die beste Gruppengröße für dieses Ritual liegt zwischen 8 und 10 Teilnehmern.

Setzt euch im Kreis bequem auf den Boden. Spürt euren Körper, all die Teile, mit denen ihr den Grund unter euch berührt. Macht euren Rücken ganz gerade und fangt an, langsam und tief zu atmen. Versucht, allmählich einen gemeinsamen Rhythmus für euer Atmen zu finden. Einatmen... ausatmen... einatmen... ausatmen... (1 – 2 Minuten)
Jetzt könnt ihr euren Atem wieder sich selbst überlassen. Wir wollen uns nun etwas Zeit nehmen, jeden in unserer Runde willkommen zu heißen. Das können wir so tun: Jeder sagt seinen Namen, und die Gruppe wiederholt den Namen dann dreimal. (Manche Gruppen schätzen es, die Namen zu singen.)
Ich möchte, daß mein linker Nachbar beginnt, und dann gehen wir einmal im Uhrzeigersinn im Kreis herum...
Nun schließt bitte die Augen. In der nun folgenden Runde sagt wieder jeder seinen Namen, und die Gruppe wiederholt jeden Namen einmal. Aber diesmal werden wir versuchen, den Betreffenden vor unserem geistigen Auge vor uns zu sehen. Ich möchte wieder meinen linken Nachbarn bitten zu beginnen...
Haltet die Augen geschlossen. In dieser dritten Runde sagt wieder jeder seinen Namen, aber diesmal werden wir den Namen nicht wiederholen, sondern wir lassen uns ein Bild einfallen, das die Lebens-

energie des betreffenden Gruppenmitgliedes zum Ausdruck bringt. Vielleicht sehen wir ein Bild oder wir spüren eine Qualität. Und wir sagen dann, einer nach dem anderen, laut, was uns dazu einfällt. Wir können dann Dinge sagen, wie: Ein Veilchen... sonnig... grün und violett... ein bunter Kolibri... usw.

Wir wollen uns genug Zeit für jedes Gruppenmitglied lassen, bis uns nichts mehr einfällt und wir das Schweigen benutzen können, um all die Bilder und Qualitäten in uns nachklingen zu lassen...

Nun öffnet einen Augenblick die Augen und schaut euch in der Gruppe um. Gleich können wir uns auf das Zentrum der Gruppe einstellen: Zuerst werden wir gemeinsam atmen und uns dann vorstellen, daß die Lebensenergie von jedem Gruppenmitglied, all die Bilder, Qualitäten und Energien, in der Mitte des Kreises zusammenfließen, so daß dort ein neues Bild oder eine Szene entsteht, die durch die Gruppenenergie geschaffen wird. Wir wollen einander dann erzählen, was wir dort bemerken. Am Anfang sehen wir vielleicht verschiedene Dinge, z. B.: Ich sehe einen weißen Strand; ich sehe eine dunkle Höhle; ich sehe ein Tal in den Bergen; ich sehe Menschen an ein Feuer treten usw. Und allmählich, allmählich werden wir vielleicht alle dasselbe Bild sehen...

Schließt nun bitte wieder die Augen und beginnt, im gleichen Rhythmus zu atmen: Einatmen... ausatmen... einatmen... ausatmen... (1 Minute)

Und nun konzentriert euch auf das Zentrum unseres Kreises und auf die Bilder oder die Szenerie, die ihr dort sehen könnt, hervorgerufen durch die Energieströme, die von jedem von uns ausgehen.

(Geben Sie der Gruppe genügend Zeit für diese gemeinsame Imagination. Manchmal entsteht daraus eine richtige Phantasiereise, manchmal einigt sich die Gruppe auf ein Gruppensymbol, auf ein Gruppentotem oder sie entdeckt ein neues Thema oder eine neue Aufgabe. Stoppen Sie diesen Imaginationsprozeß, wenn die Gruppe einen gewissen Abschluß gefunden hat:)

Hier können wir innehalten... Atmet dreimal tief aus, reckt und streckt euch ein wenig und legt eure Hände flach auf den Boden, damit alle Energie, die ihr erzeugt habt, in die Erde zurückfließen kann. Und nun öffnet in eurem Rhythmus die Augen, damit wir darüber sprechen können, was die Gruppe gesehen hat... ∎

IM KREIS SCHWINGEN

Alter: ab 10 Jahren
Dauer: ca. 15 Minuten

Mit diesem Ritual können Sie eine Gruppe beginnen, eine Sitzung zentrieren und die Teilnehmer innerlich zusámmenzubringen.

Wir wollen diese Sitzung auf besondere Weise beginnen. Kommt in einem engen Kreis zusammen und laßt euch auf eure Knie nieder. Macht den Kreis so eng, daß sich eure Schultern berühren... Legt eure Hände um die Hüften eurer Nachbarn. Gleich können wir anfangen, mit unserem Oberkörper sanft vor- und zurückzuschwingen... Und nun wollen wir alle gemeinsam dabei einen Ton singen:
Zuerst: Mmmm... (ca. 10 Sekunden)
und nun: Ahhh... (ca. 10 Sekunden)

Nun haltet das Schwingen einen Augenblick an. Ein Freiwilliger kann sich jetzt in die Mitte stellen, und ihr schließt den Kreis wieder. Wir werden gleich wieder anfangen, sanft hin- und herzuschwingen, und immer wenn wir nach vorne schwingen, werden wir ganz sanft den Namen des Gruppenmitgliedes singen, das in der Mitte steht. Anschließend geht der Betreffende an seinen Platz im Kreis zurück und ein anderer kann in die Mitte gehen. Wer möchte als nächster erleben, wie das ist, wenn alle anderen seinen Namen singen?
(Jeder sollte ungefähr 1 – 2 Minuten in der Mitte stehen.) ■

IM ZENTRUM STEHEN

Alter: ab 14 Jahren
Dauer: 10 – 15 Minuten

Dies ist ein kurzes, sehr eindrucksvolles Ritual, das Selbstachtung und Gruppenkohäsion fördert. Immer ein Gruppenmitglied steht im Zentrum der Gruppe und wird von allen anderen mit zunehmender Energie bei seinem Namen gerufen. Mit Hilfe dieses Rituals können Sie die Aufmerksamkeit einer Gruppe zu Sitzungsbeginn fokussieren.

Wahrscheinlich wünschen wir uns manchmal insgeheim, daß wir so richtig im Mittelpunkt stehen, daß alle uns aufmerksam und respektvoll anschauen und uns zu verstehen geben: Du gehörst zu uns; du bist wichtig; wir mögen dich... Ein solcher Wunsch kann gleich für jeden in Erfüllung gehen. Wer möchte als erster im Mittelpunkt stehen?... Gut, (Carlos), stell dich in die Mitte des Kreises. Wir anderen stellen uns im Kreis um (Carlos) herum. Zuerst werden wir uns alle ein bißchen hinabbeugen und die Arme nach hinten strecken, dann kommen wir langsam in die Höhe, nehmen die Arme nach vorn und gehen langsam in die Mitte des Kreises auf (Carlos) zu. Gleichzeitig sagen wir immer wieder den Namen desjenigen, der in der Mitte steht. Wir werden, so dicht es geht, an (Carlos) herangehen. Vielleicht sind dabei einige in der ersten Reihe, einige in der zweiten oder dritten Reihe... Je dichter wir an ihn herankommen, desto lauter lassen wir unsere Stimmen erschallen: (Carlos, Carlos, Carlos!)... Vielleicht habt ihr Lust, euch vorzustellen, daß (Carlos) gerade in der Lotterie gewonnen hat oder in einem sportlichen Wettkampf Sieger wurde oder daß er einfach Geburtstag hat. Seht ihn strahlend an und gebt ihm das Gefühl, daß er in diesem Augenblick unser aller Held ist. (Geben Sie allen, die das wollen, die Chance, in die Mitte zu gehen.) ■

GEFÜHLE SPIEGELN

Alter: ab 12 Jahren
Dauer: 10 Minuten

Dieses Ritual ist ein schöner Eisbrecher mit einer leicht komischen Komponente. Jedes Gruppenmitglied sagt seinen Namen und zeigt mit einer Geste, wie es sich gerade fühlt. Die gesamte Gruppe spiegelt möglichst im selben Augenblick die Geste und den Namen.

Bitte stellt euch im Kreis zusammen, damit wir uns auf die kommende Arbeitseinheit vorbereiten können. Ich will euch sagen, was ihr tun könnt: Einer von uns sagt uns seinen Namen und macht dazu irgendeine Bewegung, die uns zeigt, wie der Betreffende sich gerade fühlt. Wenn jemand müde ist, kann er uns alle schön angähnen; wenn jemand sich vorher geärgert hat, kann er auf den Boden stampfen; wenn jemand sich freut, daß er ein Mitglied dieser Gruppe ist, kann er vor Freude in die Luft springen. Und nun will ich verraten, was wir anderen machen werden: Wir werden versuchen, im selben Augenblick das zu spiegeln, was dieses Gruppenmitglied sagt und tut. Wir werden dabei versuchen, die Worte und Bewegungen sofort und unmittelbar zu spiegeln, als ob wir ein Doppelgänger des Betreffenden sind. Dazu müssen wir alle ganz schnell sein. Wir können das alle mal üben. (Sagen Sie selbst Ihren Namen und zeigen Sie Ihre Stimmung durch irgendeine Bewegung, die Ihnen einfällt.)
Nun möchte ich, daß mein linker Nebenmann den Anfang macht, und dann werden wir im Uhrzeigersinn im Kreis herumgehen...
(Manchmal kommt es vor, daß ein Teilnehmer einfach sagt: „Ich weiß nichts." und mit den Schultern zuckt; dann wird einfach diese Äußerung gespiegelt.) ∎

MÖGE DIE GRUPPE GELINGEN

Alter: ab 18 Jahren
Dauer: 60 Minuten

Manchmal ist es angebracht, die Gruppe auf eine etwas zeremonielle Art zu beginnen. Wenn Ihre Teilnehmer eine gewisse Portion Feierlichkeit schätzen, dann haben Sie hier ein schönes Ritual für die erste Sitzung einer Gruppe. Es macht die Teilnehmer miteinander bekannt und gibt Gelegenheit, Erwartungen auszusprechen und die Hoffnung, daß die Gruppe gelingen möge.
Sie benötigen ein schönes, mit Wasser gefülltes Sektglas, eine Kerze auf einem Leuchter und für jeden Teilnehmer ein Teelicht.

〰〰〰〰〰

Wenn wir neu in eine Gruppe kommen, dann hoffen wir im stillen, daß sich unsere Teilnahme lohnt. Wir möchten nette Leute treffen; wir möchten uns als Teil der Gruppe fühlen; wir hoffen, daß wir nicht verletzt werden; wir möchten, daß wir mit all unseren Ecken und Kanten, Stärken und Schwächen akzeptiert werden; wir möchten vielleicht auch ein wenig experimentieren und Mut bekommen, unser Leben aus einer anderen Perspektive zu sehen.
Ich möchte meinen Teil dazu beitragen, daß ihr euch hier wohl fühlen könnt, daß die Gruppe zusammenwächst, daß ihr gehört werdet und daß ihr ehrlich miteinander sein könnt. Zu Beginn möchte ich euch zu einem Ritual einladen, bei dem ihr euch miteinander bekannt machen könnt. Dieses Ritual hat mehrere Bestandteile, die ich euch nacheinander erklären werde.
In der ersten Runde werden wir diesen Sektkelch herumgeben, und ich werde den Anfang machen. Ich werde meinen Finger in das Wasser tauchen, dann mit meinem nassen Finger ein Dreieck auf die Stirn meines linken Nachbarn malen und dabei sagen: „Ich, (Maria), begrüße dich, (Diana). Du bist ein Mitglied unserer Gruppe." Dieses

Dreieck, das wir einander auf die Stirn malen, kann verschiedene Dinge symbolisieren. Es kann uns andeuten, daß hier das Ich wichtig ist, daß das Du wichtig ist und daß das Wir wichtig ist. Es kann uns auch an das Dreieck aus der Themenzentrierten Interaktion erinnern, dann symbolisiert es, daß wir hier eine Balance haben wollen zwischen der Arbeit am Thema, dem Wir der Gruppeninteraktion und dem einzelnen Ich. Aber es kann uns auch an die drei Bereiche von Unterwelt, Menschenwelt und Götterhimmel erinnern oder an die drei Dimensionen des Raumes, an Vergangenheit, Gegenwart und Zukunft. Wenn ich also meinen linken Nachbarn begrüßt habe, dann gebe ich den Sektkelch meinem rechten Nachbarn weiter, der dann sagt: „Ich, (Fritz), begrüße dich, (Maria). Du bist ein Mitglied unserer Gruppe.“ Bei diesen Worten wird (Fritz) bei mir das Dreieck mit seinem Finger auf die Stirn malen. Und so geht es entgegen dem Uhrzeigersinn weiter herum im Kreis, bis jeder auf diese Weise willkommen geheißen wurde und niemand mehr anonym bleiben muß.

Und nun beginnen wir die zweite Runde. Natürlich hat jeder seine ganz persönlichen Erwartungen und Hoffnungen in diese Gruppe mitgebracht. Mancher weiß vielleicht ziemlich genau, was er hier erleben will. Ein anderer hat erst eine ungefähre Ahnung. Alles das ist in Ordnung. Ich werde gleich diese Kerze anzünden. Wer immer die Kerze in der Hand hält, hat Gelegenheit, darüber zu sprechen, was er sich von dieser Gruppe erhofft. Wir anderen werden aufmerksam zuhören und nichts dazu sagen, keine Fragen stellen und keine Kommentare machen. Jeder kann selbst entscheiden, wie lange und wieviel er sprechen will. Dann soll er die Kerze weiter im Uhrzeigersinn im Kreis herumgeben. Und wenn jemand im Augenblick noch nichts sagen will, dann ist das auch in Ordnung, dann kann derjenige die Kerze schweigend weitergeben, zum Zeichen, daß er uns zu einem späteren Zeitpunkt mehr mitteilen möchte.

(Geben Sie die brennende Kerze Ihrem linken Nachbarn. Wenn die Kerze einmal im Kreis herumgewandert und zu Ihnen zurückgekommen ist, dann ergreifen Sie selbst das Wort und stellen die Kerze in die Mitte des Kreises.)

Und nun werden wir die dritte Runde beginnen. Ich habe für jeden ein Teelicht mitgebracht. Nehmt euch dieses Teelicht und zündet es an der Kerze an. Beginnt, damit langsam im Raum herumzugehen.

Betrachtet die Flamme und laßt sie ein Symbol sein für all die Hoffnungen, die hier ausgesprochen worden sind, und für unsere Wünsche nach Helligkeit, Wärme und Verwandlung. (Wenn alle Teelichter angezündet sind, geben Sie die Instruktionen für die dritte Runde.)

Jetzt könnt ihr euch klarmachen, daß jeder etwas mitgebracht hat, was zum Gelingen dieser Gruppe beitragen kann. Jeder ist für diese Gruppe gleich wichtig, jeder ist verletzlich, jeder ist lebendig, jeder möchte sein Bestes geben. Wenn ihr einander begegnet, könnt ihr voreinander stehenbleiben und euch immer denselben rituellen Satz sagen: „Möge die Gruppe gelingen!" Schaut euch in die Augen und seid euch bewußt, daß jeder diesen Wunsch hat und daß jeder auf unterschiedliche Weise dazu beitragen möchte. Jeder von uns ist anders, aber wenn wir dieses Anders-Sein respektieren, können wir etwas sehr Schönes erleben, nämlich Gemeinschaft.

Wenn ihr diesen Satz gesagt habt, dann tauscht eure Teelichter zur Bekräftigung aus, geht weiter schweigend herum und begegnet anderen. (Geben Sie soviel Zeit, bis möglichst jeder einem anderen begegnet ist.)

Und nun kommen wir zum Schluß dieser Sitzung. Stellt eure Teelichter in die Mitte des Raumes um die Kerze herum auf den Boden. Setzt euch irgendwo im Raum hin und betrachtet all die Flammen in der Mitte. Laßt das in euch nachwirken, was ihr bisher hier gehört und erlebt habt. (5 – 10 Minuten)

Und nun wünsche ich mir zwei oder drei Freiwillige. Kommt langsam in die Mitte und blast nacheinander einige der Teelichter aus, während ihr andere brennen laßt. (Warten Sie ab, bis einige der Teelichter erloschen sind.)

Und nun möchte ich euch danken, daß ihr hier seid und mitgemacht habt, diese erste Sitzung ist jetzt zu Ende. ∎

TEIL 2

Mit dem Herzen sehen lernen

EINANDER WAHRNEHMEN

Alter: ab 18 Jahren
Dauer: 20 – 30 Minuten

Dies ist ein schönes meditatives Ritual, das Ihre Teilnehmer mit der buddhistischen Praxis der vier Tugenden bekanntmacht, nämlich liebevolle Aufmerksamkeit, Mitgefühl, Freude am Glück anderer und innere Ausgeglichenheit zu entwickeln.

Kommt immer zu zweit zusammen und setzt euch voreinander hin. Ich möchte euch zu einem kurzen Ritual einladen, das ihr später im Alltag ebenfalls benutzen könnt. Es ist ein gutes Hilfsmittel gegen Langeweile, wenn unser Geist untätig ist und wir andere Leute betrachten, wenn wir irgendwo warten, wenn wir Zug fahren oder wenn wir irgendwo im Restaurant allein essen. Wir können Augenblicke der Einsamkeit interessant und schön machen. Die Praxis, die ihr gleich erproben könnt, ist auch nützlich, wenn ihr mit Leuten zu tun habt, die euch spontan ein unbehagliches Gefühl machen, denn ihr könnt eine neue Art des Sehens anwenden, die es euch gestattet, einem zunächst fremden Menschen nahe zu kommen.
Bitte schweige während dieses Rituals und beginne mit ein paar tiefen Atemzügen. Konzentriere dich auf deinen Körper und atme Spannung und Unruhe aus... Schau deinem Partner in die Augen. Wenn du den Wunsch entdeckst, wegzuschauen oder nervös zu lachen, dann bemerke diese Unsicherheit mit Nachsicht und Verständnis für dich selbst. Gib dir ein wenig Zeit, damit du allmählich zurückkommen kannst, um deinem Partner wieder in die Augen zu schauen.
Vielleicht wirst du diesen Menschen nie wiedersehen: Jetzt hast du Gelegenheit, die einzigartige Persönlichkeit dieses Menschen zu entdecken.
Und während du deinem Partner in die Augen siehst, kannst du dir

gestatten, die Energie zu bemerken, die dort ist... Öffne dich für all die Talente, die Stärken und Möglichkeiten dieses Menschen... Hinter diesen Augen sind unendliche Reserven von Kreativität und Ausdauer, von Humor und Weisheit. Hinter diesen Augen sind Talente, die dein Partner vielleicht selbst gar nicht kennt. Überlege einen Augenblick, was diese unerschlossenen Energien alles tun können, um einen wichtigen Beitrag zu leisten für unsere Gruppe, für unsere Gesellschaft und für unseren Planeten... Und wenn du das bedenkst, kannst du vielleicht deine eigene Hoffnung entdecken, daß dieser Mensch frei von Furcht sein möge... Laß dich selbst entdecken, wie sehr du hoffst, daß dieser Mensch frei sein möge von Haß... frei von Gier... frei von Trauer... frei von den vielen Bedingungen, die uns leiden lassen... Und mach dir klar, daß du jetzt jene liebevolle Aufmerksamkeit spürst, die die Grundlage dafür sein kann, daß wir die Welt verändern und besser machen.

Und wenn du weiter in diese Augen blickst, dann bemerke auch den Schmerz, den es da gibt. Auf seiner Lebensreise hat dein Partner Kummer und Trauer in sich gespeichert... Mißerfolge und Verluste... Gram und Enttäuschungen, die man mit Worten nur schwer ausdrücken kann... Gestatte dir, offen für dieses Leid zu sein, offen für alle Verletzungen, die dieser Mensch vielleicht nie einem anderen mitgeteilt hat... Und was du jetzt vielleicht spürst, ist wirkliches Mitgefühl. Es ist die Voraussetzung, um unsere Welt zu verändern und zu heilen.

Während du weiter in diese Augen schaust, kannst du in Betracht ziehen, wie gut es sein würde, wenn du mit diesem Menschen gemeinsame Sache machen würdest... Betrachte, wie bereit du sein könntest, mit ihm zusammenzuarbeiten... bereit, mit ihm gemeinsam Wagnisse bei einer gemeinsamen Aktion einzugehen... Stell dir vor, wie anregend es sein könnte, wie aufregend und wie vergnüglich, wenn ihr beide ein gemeinsames Projekt beginnen würdet, indem ihr mutig handelt und einander voll vertraut... Und wenn du über diese Möglichkeiten nachdenkst, dann öffnest du dich für etwas sehr Wertvolles, nämlich für die Freude an der Kraft eines anderen und für die Freude am Glück eines anderen Menschen.

Laß jetzt dein Bewußtsein ganz tief hinabgehen, tief in dich hinein, wie ein Stein, der in einen tiefen See sinkt, noch unter jene Grenze, für die wir keine Worte haben... Atme tief und ruhig und öffne dein Bewußtsein für das tiefe Geflecht von Beziehungen, das all unserem Leben und all unserem Wissen zugrunde liegt... Es ist das Geflecht des Lebens, an dem du teilhast und das dich hält... Aus diesem ungeheuren Netz des Lebens kannst du nicht herausfallen; keine Dummheit und kein Fehler, kein persönliches Unvermögen kann dich jemals von dem Netz des Lebens trennen, weil du selbst ein Teil des Lebens bist... weil das Leben deine Existenz begründet... Spüre, wie dieses Wissen Ruhe und Trost spenden kann... Spüre diesen inneren Frieden... Gestatte dir, darin zur Ruhe zu kommen... Aus diesem großen Frieden heraus können wir alles wagen. Wir können vertrauen und wir können handeln...

Und es ist nicht notwendig, daß du jetzt irgend etwas sagst, daß du irgendeinen Gedanken oder ein Gefühl ausdrückst. Es ist vollständig ausreichend, wenn du zur Bekräftigung deiner Präsenz deinem Partner die Hand gibst und dabei spürst, daß jeder von uns die Möglichkeit hat, weit über seine alltäglichen Grenzen hinauszugehen, in diesem Augenblick und immer wieder. ■

DINGE, DIE WIR LIEBEN

Alter: ab 12 Jahren
Dauer: 60 Minuten

Dieses Ritual stammt von den Hopi-Indianern. Dort wurde es praktiziert, um den Stammesmitgliedern Gelegenheit zu geben, etwas über
ihre aktuelle Lebenssituation mitzuteilen. Auch wir können dieses
Ritual, das eine klare, klassische Struktur hat, sehr gut benutzen.
Jedes Gruppenmitglied erhält dabei die Möglichkeit, sich auf eine
interessante und ganz natürliche Art darzustellen. Jeder bringt einen
Gegenstand mit, den er liebt bzw. der auf irgendeine Weise symbolisch ist für sein Leben, und stellt ihn der Gruppe vor. Die besondere
Art der Präsentation im Ritual macht diesen Gegenstand doppelt
bedeutungsvoll. Zunächst kann jeder stolz darauf sein, daß er diesen
Gegenstand besitzt und ihn der Gruppe zeigen kann. Darüber hinaus
wird der Gegenstand aber auch ein Teil der Gruppengemeinschaft und
verstärkt so das Gefühl der Zugehörigkeit zur Gruppe.
Fordern Sie die Teilnehmer auf, zu der betreffenden Gruppensitzung
einen Gegenstand mitzubringen, den sie lieben... der bedeutungsvoll
für sie ist... der etwas über sie und ihr Leben sagt...

Nehmt den Gegenstand, den ihr mitgebracht habt, und setzt euch still
im Kreis auf den Boden. Vielleicht wollt ihr den Gegenstand in der
Hand behalten, vielleicht wollt ihr ihn vor euch hinlegen... Wenn ihr
das Gefühl habt, daß ihr bequem sitzt, schließt eine Weile die Augen...
Und nun gestattet euch, einmal ganz tief einzuatmen... Wenn die Luft
so tief hinab in euren Körper strömt, könnt ihr euch vorstellen, daß
euer Atem wie eine gute Medizin wirkt. Jeder Teil eures Körpers, der
von eurem Atem berührt wird, kann sich mehr und mehr entspannen... Und wenn ihr ausatmet, könnt ihr euch vorstellen, daß mit dieser Luft auch alle Verspannungen, die sich in eurem Körper angesam-

melt haben, aus eurem Körper hinausfließen... Laßt sie einfach los... Wenn ihr wieder einatmet, dann spürt, wie die Luft noch tiefer in euch hineinströmt und noch andere Teile eures Körpers entspannt und locker macht... Und beim Ausatmen könnt ihr noch mehr Gefühle von Anspannung, von Müdigkeit oder Enge aus euch hinausströmen lassen... (1 Minute)

Findet jetzt einen Atemrhythmus, der euch einfach guttut... Bemerkt den Boden unter euch... Bemerkt die Temperatur der Luft in diesem Raum... Bemerkt die Geräusche, die ihr im Augenblick hört...

Und nun spürt auch die Gegenwart der anderen Gruppenmitglieder. Ohne zu sprechen, könnt ihr Kontakt aufnehmen mit den anderen, die mit euch im Kreis sitzen. Empfindet ihre Gegenwart und empfindet, daß jeder von uns ein Teil dieser Gruppe ist...

Und nun könnt ihr die Augen wieder öffnen. Jetzt will ich kurz erklären, was wir tun werden: Jeder hat einen Gegenstand mitgebracht, der für ihn persönlich wertvoll und wichtig ist. Wir wollen uns viel Zeit nehmen, damit wir alle diese Gegenstände betrachten können und damit wir einander von einer neuen Seite kennenlernen können.

Irgendein Gruppenmitglied kann das Ritual beginnen. Ohne zu sprechen, nimmt es seinen Gegenstand in die Hand und geht damit im Kreis herum. Er oder sie bleibt vor jedem Gruppenmitglied stehen und zeigt dem anderen seinen/ihren Gegenstand. Wenn ihr wollt, könnt ihr ihn auch dem einen oder anderen in die Hand geben. Denkt bitte daran, daß bei diesem Rundgang nicht gesprochen werden soll. Zeigt uns euren Gegenstand so, daß es sich für euch richtig anfühlt.

Wenn ihr eure Runde gemacht habt, dann geht mit dem Gegenstand in die Mitte des Kreises. Jetzt könnt ihr der Gruppe etwas über euren Gegenstand erzählen. Ihr könnt sagen, seit wann ihr ihn habt, woher ihr ihn habt und warum dieser Gegenstand eine besondere Bedeutung für euch hat. Ihr könnt uns auch sagen, wie alt dieser Gegenstand ist und welche Geschichte sich mit ihm verbindet. Wenn ihr uns alles gesagt habt, was euch wichtig ist, dann legt ihr den Gegenstand in der Mitte des Kreises auf den Boden. Überlegt euch, wo ihr ihn hinlegen möchtet, und kehrt dann auf euren Platz zurück.

Anschließend wird das zweite Gruppenmitglied das Ritual fortsetzen.

Es wird seinen Gegenstand jedem einzelnen zeigen und uns anschließend etwas über ihn erzählen. Aber wenn die zweite Person ihren Gegenstand im Kreis auf den Boden legt, dann soll sie daran denken, daß hier im Kreis aus all unseren Gegenständen ein Bild entstehen wird, und sie kann sich überlegen, welchen Platz in diesem Bild der eigene Gegenstand finden soll.

Und so wird im Laufe der Zeit aus all unseren Gegenständen in der Mitte des Kreises ein Bild werden, das ein Symbol sein wird von unserer Gruppe, ein Bild von uns allen und der Gemeinschaft, die wir bilden.

Und nun können wir unser Ritual beginnen. Denkt bitte daran, daß immer nur derjenige, der in der Mitte steht, sprechen darf. Wir anderen werden unsere ganze Aufmerksamkeit auf dieses Gruppenmitglied konzentrieren und mit unserem Schweigen andeuten, daß wir gut zuhören und verstehen wollen. Wer möchte als erster seinen Gegenstand vorstellen?...

(Wenn alle Gegenstände vorgestellt sind, soll eine kurze Weile Ruhe sein:)

Betrachtet aufmerksam das Bild auf dem Boden mit all den Gegenständen, die uns etwas bedeuten. Dies ist jetzt ein Symbol unserer Gruppe. Laßt es auf euch wirken und bemerkt, was euch daran gefällt. Vielleicht bemerkt ihr auch, daß ihr daran noch etwas verändern wollt. (1 Minute)

Wer immer will, kann jetzt aufstehen und dem einen oder anderen Gegenstand eine andere Position geben, damit das Gesamtbild unsere Gruppe noch deutlicher zeigt...

Und wenn niemand das Bild mehr verändern möchte, dann wollen wir es noch einen Augenblick genießen und dabei die Kraft unserer Gruppe spüren, unsere Verbundenheit miteinander und die vielen Anregungen, die wir einander geben können. ■

GEBEN UND NEHMEN

Alter: ab 18 Jahren
Dauer: 60 – 90 Minuten

Dieses Ritual ist ideal für eine Gruppe, deren Mitglieder gut miteinander vertraut sind. Es gibt dem Gruppenprozeß einen neuen Akzent.

Das ganze Ritual wird schweigend durchgeführt. Weil niemand seine Handlungen erklären kann, erscheint uns das Verhalten der Mitspieler vieldeutig und wir brauchen mehr Zeit, um die Interaktionen zu verstehen. So sind wir gezwungen, uns auf einen überraschenden Prozeß einzulassen.

Im Mittelpunkt steht zunächst die alltägliche Dynamik von Geben und Nehmen und damit die Frage der Gerechtigkeit. Je länger das Ritual dauert, desto mehr tritt eine andere Frage in den Vordergrund: Wie weit kann ich mich für die Überraschungen des Lebens öffnen und darauf verzichten, möglichst viel zu kontrollieren?

Zu diesem Ritual bringt jeder Teilnehmer fünf Gegenstände aus seinem persönlichen Besitz mit. Sie dienen als Tauschmittel, um andere Dinge einzuhandeln. Fordern Sie die Teilnehmer auf, diese Dinge sorgsam auszuwählen. Vielleicht möchte der eine oder andere auch etwas mitbringen, was für ihn wertvoll ist. Sagen Sie den Teilnehmern, daß dieses Ritual ein Grundgesetz des Lebens illustriert: Ohne Einsatz kein Gewinn.

Wir sind zu einem besonderen Ritual zusammengekommen. Zu Beginn werden wir uns alle im Kreis auf den Boden setzen. Legt die Dinge, die ihr mitgebracht habt, vor euch hin...

Nehmt nun ein Blatt Papier, schreibt euren Namen darauf und legt es ebenfalls vor euch auf den Boden. Es ist eine Orientierungshilfe für die anderen, damit sie wissen: Dies ist der Platz von (Angelika), und die Dinge, die dort liegen, sind zur Zeit in ihrem Besitz.

Während ich das Ritual erkläre, könnt ihr eure Blicke schweifen lassen und einen ersten Eindruck von all den Dingen gewinnen, die ins Spiel gebracht werden sollen.

Bei unserem Ritual gilt ein wichtiger Grundsatz: Niemand soll sprechen oder irgendwelche nonverbalen Signale geben. Die Spielregel für das Ritual lautet: Jeder kann ein Objekt gegen ein anderes tauschen, ohne das Einverständnis des jeweiligen Besitzers einzuholen. Der Standardhandel geht so: Ein Gruppenmitglied tauscht ein Objekt, das in seinem Besitz ist, gegen ein Objekt, das einem anderen Spieler gehört.

Von Zeit zu Zeit sind aber auch Abweichungen von dieser Regel möglich. Wir können mehr als zwei Objekte bei einem Austausch ins Spiel bringen, d. h. wir können zwei Dinge für eins geben oder zwei Dinge für eins nehmen. Darüber hinaus können wir auch für andere Gruppenmitglieder aktiv werden, ohne unsere eigenen Objekte ins Spiel zu bringen. Dann tauschen wir zwei Dinge aus, die im Besitz anderer Spieler sind. Schließlich können wir auch einen Handel zwischen drei oder mehr Spielern veranstalten.

Wenn unser Tauschhandel beginnt, können wir uns natürlich bewegen und zu den Plätzen der anderen Gruppenmitglieder gehen.

Da wir bei all dem nicht sprechen dürfen, mag uns das zunächst seltsam vorkommen. Vielleicht haben wir zu Beginn eine gewisse Scheu, ohne die Erlaubnis der anderen zu handeln. Vielleicht bemerken wir auch, daß wir uns häufig fragen, ob dies ein fairer Tausch ist, ob es bei dem Handel gerecht zugeht. Das alles ist ganz normal, und jeder von uns braucht Zeit, um sich daran zu gewöhnen, was geschieht. Vielleicht sind wir auch überrascht, wie wir uns selbst verhalten und wie sich andere verhalten. Vielleicht werden wir uns manchmal freuen oder uns im stillen manchmal ärgern. Auch das ist ganz normal. Laßt euch genügend Zeit und findet einen Rhythmus für eure Tauschgeschäfte, der für euch persönlich richtig ist.

Das Ritual endet, wenn alle Teilnehmer das Gefühl haben, daß ein guter Endpunkt erreicht ist. Wenn ein Teilnehmer mit der Sammlung von Gegenständen zufrieden ist, die er nun in seinem Besitz hat, dann setzt sich der Betreffende still auf seinen Platz und wartet, bis auch alle anderen wieder sitzen. Und die Dinge, die jeder am Ende des Rituals vor sich liegen hat, wird er mit nach Hause nehmen.

Wenn wir das Ritual gleich beginnen, dann gebt euch ab und zu Gelegenheit, auf eure Gefühle und auf eure inneren Kommentare zu achten. Bemerkt auch, wie sich eure innere Einstellung vielleicht von Zeit zu Zeit ändert, und wartet auf den Augenblick, wo der Streß, den dieses Ritual auch verursachen kann, ersetzt wird durch Vergnügen und vielleicht durch eine heitere Gelassenheit, weil ihr anfangen könnt, Überraschungen stärker zu genießen. ■

DER BRUNNEN

Alter: ab 18 Jahren
Dauer: 30 – 60 Minuten

Dies ist ein meditatives Ritual mit einem Minimum an Struktur. Es orientiert sich an der spirituellen Praxis der Quäkergottesdienste. Die Gruppe sitzt im Kreis, eventuell mit einer brennenden Kerze in der Mitte. Jeder geht mit seiner Aufmerksamkeit nach innen, um auf die Dinge zu hören, die sich in seinem Inneren ankündigen. Nach einer Zeit des kollektiven Schweigens beginnen die Teilnehmer mitzuteilen, was sie bewegt.

Dieses Ritual eignet sich besonders für Gruppen im Workshop-Format, wenn die Teilnehmer Vertrauen zueinander gefaßt haben und bereit sind, sich stärker zu öffnen.

Wir können die Gegenwart der anderen Gruppenmitglieder spüren und die Geborgenheit empfinden, die uns die Gruppe bietet. Diese Geborgenheit gestattet es jedem, sich ganz auf seine innere Welt zu konzentrieren. Wie aus einem tiefen Brunnen können Gedanken und Gefühle aufsteigen, die wir sonst nicht so deutlich bemerken.

Das Thema, an dem die Gruppe arbeitet, wird auf diese Weise vertieft und mit frischer Energie versorgt. Wenn einzelne Teilnehmer beginnen sich mitzuteilen, dann fühlen sich nach einiger Zeit auch andere ermutigt, sich ebenfalls zu öffnen.

(Sie benötigen ein kleines Glöckchen.)

Ich möchte euch zu einem ungewöhnlichen Ritual einladen. Wir alle werden eine Weile schweigend im Kreis zusammensitzen. Wir können dabei versuchen, etwas tiefer nach innen zu gehen, über all jene Gedanken hinaus, die uns vielleicht im Augenblick bewegen. Dabei soll uns eine kleine Glocke helfen, die von Zeit zu Zeit überraschend erklingen wird. Immer wenn die Glocke klingt, möchte ich, daß jeder von uns einen Augenblick innehält. Stoppt die Bewegung eures Körpers, haltet den Atem einen Moment an und vor allem stoppt auch euren Geist. Laßt all die Gedanken los, die euch im Augenblick beschäftigen, und bemerkt, welche anderen Gedanken sich melden werden.

Wenn ihr die Glocke hört, laßt euch ein paar Augenblicke Zeit und spürt euren Körper. Euer Körper kann euch helfen, ganz aufmerksam zu werden. Er hat eine wunderbare Qualität, die der Geist nicht hat: Unser Körper lebt nur im Hier und Jetzt. Er weiß nichts über die Vergangenheit und die Zukunft. Wir können unseren Körper benutzen, um innerlich zur Ruhe zu kommen und zu spüren, was wir gerade jetzt fühlen, was wir gerade jetzt denken. In einigen Dörfern in Vietnam gibt es eine Sitte, die diesem Ritual ähnelt: Ab und zu wird eine besondere Glocke geläutet, und dann unterbrechen alle Dorfbewohner für einen Augenblick ihre Geschäfte. Es ist ein wunderschönes Bild, wie all diese Leute, die mit den unterschiedlichsten Dingen beschäftigt sind, sich einen Augenblick der Ruhe gönnen, wie sie für einen Moment in tiefe Kontemplation versinken und mitten im Alltag daran denken, daß sie mehr sind als ihre Aufgaben, mehr sind als ihre Ziele, mehr sind als ihre Wünsche und Hoffnungen. Sie hören einen Augenblick auf das, was ihnen ihre Seele zu sagen hat.

Laßt uns etwas Ähnliches versuchen. Fangt an, tief und ruhig zu atmen und gewöhnt euch an die Stille im Raum. Spürt die Gegenwart der anderen Gruppenmitglieder, spürt, daß wir hier als Gruppe zusammen sind. Und wenn von Zeit zu Zeit die Glocke klingt, dann spürt das Wunder, daß ihr lebendig seid, und öffnet euch für die Bilder und Gedanken, die aus dieser Stille aufsteigen wollen. Ihr müßt gar nichts Besonderes tun. Es reicht aus, wenn ihr euch auf das Schweigen einlassen könnt und auf das, was gesagt werden möchte.

Nach einer Weile wird der eine oder andere den Wunsch haben zu sprechen, und wir alle hören aufmerksam zu, was gesagt werden möchte. Unsere Worte werden wie aus einem tiefen Brunnen aufsteigen. Es wird gut sein, wenn wir zwischen den einzelnen Mitteilungen Schweigen zulassen.

Laßt euch überraschen von den Bildern, Gedanken, Gefühlen, von den Wünschen und Hoffnungen, die in eurem Geist aufsteigen. Gebt ihnen eure Stimme und akzeptiert sie, indem ihr sie in Worte faßt.

Es ist nicht nötig, daß ihr die Gruppe ansprecht und eure Gefühle erklärt. Ihr könnt ganz einfach, wie in einem kurzen Selbstgespräch, reden und darauf vertrauen, daß wir anderen innerlich folgen...

Und alles Gesagte wird gehört und bedacht, und es kann Anregung sein für weitere Gedanken und Gefühle, die darauf warten, von uns entdeckt zu werden...

(Läuten Sie das Glöckchen in Abständen von 30 – 60 Sekunden, bis der erste Teilnehmer das Wort ergreift.) ■

DER SPRECHENDE SCHLÜSSEL

Alter: ab 18 Jahren
Dauer: 60 – 120 Minuten

Hier finden Sie ein grundlegendes Ritual, das auf den Brauch einiger nordamerikanischer Indianerstämme zurückgeht. Bei ihren Treffen wird ein heiliger Stock im Kreis herumgegeben, und nur derjenige, der den Stock in der Hand hält, darf sprechen. Auf diese Weise bekommt jeder Gelegenheit, seine Gedanken ohne Unterbrechung mitzuteilen. Alle anderen hören schweigend zu und ordnen ihre eigenen Gedanken, bis sie an die Reihe kommen.

Diese rituelle Praxis ist besonders für Teilnehmer geeignet, die normalerweise Scheu haben, sich mitzuteilen, bzw. die bei Unterhaltungen dazu neigen, den Redelustigen den Vortritt zu lassen.

Sie werden immer wieder beobachten, daß auch ruhige Gruppenmitglieder viel zu sagen haben, wenn sie das symbolische Objekt in Händen halten und wenn die ganze Gruppe ihnen Aufmerksamkeit schenkt. Andererseits ist dieses Ritual auch sehr nützlich für gewohnheitsmäßige „Unterbrecher", die bei normalen Unterhaltungen Schwierigkeiten haben zuzuhören. Die strenge Form des Rituals läßt sie erleben, wie angenehm es sein kann, wenn wir geduldig zuhören. Oft erfahren wir dann Dinge, mit denen wir nie gerechnet hätten.

In unserem Ritual geben wir einen Schlüssel herum, aber natürlich können wir auch andere Objekte auswählen: Steine, Kristalle, Muscheln, Zweige, Stofftiere, Puppen usw. Wir können alles mögliche benutzen. Wichtig ist, daß unser symbolisches Objekt ästhetisch ist und angenehm zu berühren.

Sie können dieses Ritual mit allen Themen verbinden, die für Ihre Teilnehmer wichtig sind. Seine Bedeutung liegt in der meditativen Komponente: Alles, was gesprochen wird, bleibt ohne Kommentar, niemand fragt, niemand gibt Feedback, niemand gibt einen Rat. Alle hören aufmerksam und mit Einfühlung zu, und jeder bestimmt selbst, wie lange er sprechen möchte. Auf diese Weise kann jeder seine

Geschichte erzählen, und jeder Beitrag erhält dadurch Gewicht und Würde.

Natürlich hat jeder die Freiheit, das symbolische Objekt weiterzugeben, ohne zu sprechen. Wenn jemand empfindet, daß er im Augenblick nichts sagen möchte, dann gibt er den Gegenstand einfach schweigend weiter.

Auf diese Weise kann das Ritual mehr Zeit beanspruchen als eine normale Gruppensitzung. Manchmal braucht eine Gruppe mehrere Runden, bis alle spüren, daß ein natürlicher Abschluß erreicht wurde. Wenn der symbolische Gegenstand einmal im Kreis herumgegeben wird, ohne daß jemand das Wort ergreift, dann ist das Ritual beendet.

Am besten eignet sich dieses Ritual für Gruppen mit 12 – 14 Teilnehmern. Größere Gruppen sollten Sie aufteilen. Die Teilgruppen arbeiten dann parallel.

Hier haben wir für dieses Ritual ein Thema gewählt, das für Teilnehmer in der Lebensmitte besonders wichtig ist: „Türen, die ich geschlossen habe – Türen, die ich öffnen will."

〜〜〜〜〜〜〜〜

Von dem französischen Schriftsteller André Gide ist ein bemerkenswerter Satz überliefert: „Es gibt ein wichtiges Gesetz im Leben – immer wenn sich eine Tür schließt, öffnet sich eine andere Tür. Wir sollten nicht die Verluste hinter der geschlossenen Tür betrauern, damit wir nicht die Chancen versäumen, die hinter der gerade geöffneten Tür auf uns warten."

Dieses Lebensgesetz ist uns allen wohlbekannt. Jeder von uns hat es oft erlebt, daß sich Türen für ihn geschlossen haben. Wir mußten Abschied nehmen von Menschen, die uns wichtig waren. Wir mußten uns von Zielen verabschieden, die wir nicht erreichen konnten. Wir haben Illusionen aufgegeben, und oft haben wir festgestellt, daß auch das Bild, das wir von uns selbst haben, veränderungsbedürftig ist.

Natürlich ist es oft schmerzlich, wenn wir feststellen, daß Dinge in unserem Leben zu Ende gehen. Unser Wunsch nach Sicherheit und unser Bedürfnis, die Ereignisse des Lebens zu kontrollieren, werden dadurch erschüttert.

Aber zum Glück haben wir auch erlebt, daß sich nach Krisen und schmerzlichen Abschieden neue Türen öffnen. Wir finden eine neue Liebe, wir entdecken neue berufliche Möglichkeiten, wir bemerken, daß wir eine neue, in jüngeren Jahren nicht gekannte Sicherheit entwickelt haben, weil wir uns besser darauf einlassen können, mit den Zufällen des Lebens mitzuschwimmen und es zu genießen, die Geheimnisse des Lebens besser zu verstehen.

Darum möchte ich euch jetzt zu einem Ritual einladen, bei dem wir einander erzählen können, was sich in unserem Leben verändert. Als Symbol, das uns mit dem Thema des Rituals verbindet, habe ich diesen Schlüssel mitgebracht. Das Thema lautet: „Türen, die sich für mich schließen – Türen, die sich für mich öffnen." Zu Beginn möchte ich euch dazu auffordern, mit eurer Aufmerksamkeit nach innen zu gehen und an die Dinge zu denken, die ihr in eurem Leben abgeschlossen habt.

Und dann gebt euch Gelegenheit, an die Türen zu denken, die sich für euch schon geöffnet haben oder die vielleicht erst eine Handbreit offenstehen. Wenn ihr an die Möglichkeiten denkt, die sich für euch neu ergeben, dann wird es leichter sein, Verluste zu verschmerzen und Vertrauen zu haben in das Leben, in die Welt und in eure eigene Lebendigkeit. Dann könnt ihr spüren, daß neben dem Bedauern, das uns schmerzt, auch Hoffnung und Vertrauen sind, die uns inspirieren.

Nach einer Weile werde ich dann den Schlüssel herumgeben. Jeder, der ihn in Händen hält, kann die Gelegenheit benutzen, uns von seinen geschlossenen und von seinen offenen Türen zu erzählen, und wir anderen werden aufmerksam zuhören. Wir können diesen Einblick in eine fremde Lebensgeschichte benutzen, um Dinge zu bemerken, die wir ähnlich erlebt haben. Aber vielleicht werden wir auch manchmal etwas hören, das uns fremd vorkommt, dann können wir darüber nachdenken, und wenn wir Glück haben, können uns die Geschichten der anderen Gruppenmitglieder hier und da auch helfen, wichtige Dinge in unserem eigenen Leben besser zu verstehen.

Wenn jemand, der den Schlüssel hält, uns aus seinem Leben erzählt, werden wir schweigend zuhören, keine Fragen stellen und keine Kommentare geben. Wir hören einfach still zu. Wenn jemand fertiggesprochen hat, dann gibt er den Schlüssel an seinen rechten Nachbarn weiter. Wer das Empfinden hat, daß er im Augenblick zu diesem Thema nichts sagen möchte, hat das Recht, auch ohne etwas zu sagen, den Schlüssel an seinen Nachbarn weiterzugeben.

Jeder bestimmt selbst, wieviel er uns erzählen will und worüber er sprechen will. Wir brauchen dabei niemanden zu trösten oder zu beraten, weil wir darauf vertrauen können, daß der Vorgang des Erzählens in diesem Ritual selbst heilsam ist und daß es wohltuend ist zu wissen, daß all die anderen Gruppenmitglieder uns mit Sympathie und Interesse zuhören. ■

SCHMERZ, VERTRAUEN, LIEBE

Alter: ab 18 Jahren
Dauer: 60 – 90 Minuten

In diesem Steinritual können wir lernen loszulassen, mehr Vertrauen zu entwickeln und unser Herz zu öffnen.

Sie benötigen einen schönen Stein mittlerer Größe, der gut in der Hand liegt, außerdem ein Tuch oder einen kleinen Teppich, um den Stein darauf zu legen, eine Schüssel mit Wasser und ein Tuch, mit dem Sie den Stein abtrocknen können.

Manchmal wünschen wir uns einen Lehrer oder einen Mentor, der uns lehrt – sanft und liebevoll –, was wir wissen müssen, um glücklich zu werden. Oft ist es schwierig, einen solchen Lehrer zu finden. Darum habe ich für dieses Ritual ein symbolisches Objekt ausgewählt, von dem wir lernen können. Ich habe diesen Stein mitgebracht, und er kann unsere Schritte begleiten, wenn wir die Dinge loslassen, die uns einschränken, und uns auf das konzentrieren, was uns inneren Frieden gibt. Unser Wunsch nach Sicherheit ist vielleicht das größte Hindernis auf unserem spirituellen Weg. Unser Verlangen nach Sicherheit macht uns taub und tot. Es hindert uns daran zu leben. Die beste Medizin gegen unser Bedürfnis zu kontrollieren ist die Bereitschaft, unser Herz zu öffnen. Wir können die Gegenwart der anderen Gruppenmitglieder benutzen, um ein paar Schritte auf diesem Weg des Loslassens und des Vertrauens in das Leben gemeinsam zu gehen.

Setzt euch bequem im Kreis zusammen und gönnt euch ein paar tiefe Atemzüge. Laßt euren Körper zur Ruhe kommen.

Und nun betrachtet den Stein, den ich in die Mitte gelegt habe. Meditiert eine Zeitlang über diesen Stein, während ihr ruhig und tief weiteratmet. Vielleicht könnt ihr nach einer Weile empfinden, daß der Stein im selben Rhythmus atmet wie ihr selbst. Vielleicht habt ihr auch den Eindruck, daß der Stein lebendig wird, wenn euer Blick mit ihm verschmilzt – daß er die Farbe wechselt, daß sich seine Form ändert, daß er größer oder kleiner wird. Diese Veränderungen können ganz natürlich auftreten, und ihr könnt sie ganz ruhig beobachten. Und vielleicht gefällt euch an dem Stein, daß er so selbstverständlich und sicher da ist. Vielleicht gefällt euch an dem Stein seine Festigkeit und sein Alter. Auch dieser Stein kann uns von einer langen Geschichte berichten, von vielen Veränderungen, die er im Laufe von vielen Millionen Jahren erlebt hat. Jetzt ist er einfach da, mitten in unserem Kreis. (1 Minute)

Und nun könnt ihr probieren, euch mit dem Stein zu identifizieren. Stellt euch vor, daß ihr eine Weile dieser Stein seid, daß ihr all das Wissen und all die Weisheit habt, über die dieser Stein verfügt. (1 – 2 Minuten)

Nun seid wieder ihr selbst. Wir werden gleich beginnen, den Stein im Kreis herumzugeben, von einem Gruppenmitglied zum anderen, und jeder von uns kann etwas von seinen Schmerzen in diesen Stein hineinsinken lassen. Es können ganz unterschiedliche Schmerzen sein – körperliche Schmerzen und emotionale Schmerzen. Stellt euch einfach vor, daß der Stein euren Schmerz in sich aufnimmt und festhält, so daß ihr euch erleichtert fühlt. Es kann sein, daß der Stein euch schwerer vorkommt, je weiter er im Kreis herumgeht, weil er so viele von unseren Schmerzen zu tragen hat. Und vielleicht bemerken wir auch, daß der Stein nicht nur unseren persönlichen Schmerz trägt, sondern den Schmerz schlechthin. Wenn wir das fühlen, dann kommen wir innerlich von Angst zu Mitgefühl. Angst ist mein Schmerz, Mitgefühl ist der Schmerz schlechthin. Wir sind in unserem Schmerz nicht allein, das kann uns ein Gefühl der Weite geben, der Verbundenheit und der Freude. Wenn der Stein einmal im Kreis herumgegangen ist, werden wir ihn in eine Schale mit Wasser legen, so daß all die Schmerzen – körperliche und emotionale – von ihm abgewaschen werden...

(Geben Sie den Stein gegen den Uhrzeigersinn im Kreis herum, zunächst dem Gruppenmitglied, das rechts neben Ihnen sitzt, und waschen Sie ihn nach dem ersten Rundgang sorgfältig in dem Wasser ab, nachdem Sie ihn selbst eine Weile gehalten haben.)

Nun können wir den Stein wieder im Kreis herumwandern lassen, und diesmal werden wir unser Mißtrauen in den Stein legen. Jeder weiß selbst am besten, in welchen Bereichen es ihm an Vertrauen fehlt. Vielleicht fürchten wir uns davor, daß uns unser Partner verletzen und hintergehen kann, vielleicht sind wir mißtrauisch unseren Kollegen und Chefs gegenüber, vielleicht sind wir skeptisch, ob es Gott und die Welt gut mit uns meinen... Und wieder könnt ihr den Eindruck haben, daß sich der Stein schwerer und schwerer anfühlt, je weiter er im Kreis herumwandert, beladen mit all unserem Mißtrauen. Und am Ende werden wir ihn wieder in das Wasser legen, ihn abwaschen, abtrocknen, um ihn auf eine neue Reise herumzuschicken...

Diesmal werden wir in den Stein etwas von unserer Liebe legen. Wir brauchen keine Angst zu haben, daß uns dann etwas fehlen wird. Wenn wir unser Herz öffnen, bemerken wir, daß wir über einen unerschöpflichen Vorrat an Freundlichkeit und Liebe verfügen. Wir brauchen die Liebe, die wir in den Stein legen, nicht abzumessen. Vielleicht können wir sogar noch mehr Liebe in uns spüren, wenn wir etwas von unserer Liebe abgegeben haben. Und wenn der Stein einmal im Kreis herumgegangen ist, werden wir ihn in die Mitte legen...
Nun betrachtet den Stein wieder ganz aufmerksam und laßt euren Blick noch einmal mit ihm verschmelzen. Empfindet den Stein mit all seinen Verwandlungen: gereinigt von Schmerz und Mißtrauen und angefüllt mit Mitgefühl und Liebe. Spürt auch, daß der Stein jetzt etwas Wertvolles aus dem Leben jedes Gruppenmitgliedes enthält, so daß er uns den Zugang zueinander erleichtert. Indem wir uns mit dem Stein identifizieren, identifizieren wir uns mit jedem einzelnen von uns. (1 – 2 Minuten)
Nun könnt ihr euch von dem Stein verabschieden. Vielleicht wollt ihr euch bei ihm bedanken, daß er sich euch als Lehrer zur Verfügung gestellt hat. Kehrt mit eurer Aufmerksamkeit zu euch selbst zurück.
Und wenn ich den Stein mit einem Tuch bedecke, könnt ihr euch ein wenig recken und strecken und wieder in euer alltägliches Bewußtsein zurückkehren, erfrischt und wach. Und vielleicht möchtet ihr eine Weile Zeit haben für diese Rückkehr in euer Alltagsbewußtsein, indem ihr einfach noch sitzenbleibt oder herumgeht, für euch allein oder im Blickkontakt zu den anderen. ∎

STEINE WERFEN

Alter: ab 18 Jahren
Dauer: 2 Stunden

Dies ist ein besonderes Ritual, eine Art Exorzismus für Frustrationen, Ärger und Schmerzen, die uns das Leben und unsere eigene Unwissenheit zugefügt haben. Das Ritual hat jedoch gewisse Voraussetzungen: Die Gruppe muß irgendwo auf dem Lande stattfinden, so daß die Teilnehmer in der zweiten Hälfte des Rituals ins Freie gehen können, um sich passende Steine zu sammeln, bzw. um sie anschließend, ohne Gefahr für andere, wegwerfen zu können – in ein kleines Tal, in einen Bach oder See.

Der rituelle Vorgang des Steinewerfens bietet zunächst eine emotionale Erleichterung durch den „aggressiven" Vorgang. Viel wesentlicher ist jedoch die damit verbundene Symbolik. Mit dem Werfen der Steine praktizieren wir das Loslassen, trennen wir uns von allen Rachegedanken, die uns sonst in der Rolle des Opfers fixieren würden. Anschließend sind wir leichter in der Lage zu verstehen, daß Ärger und Schmerz, Verlust und Betrug Bestandteil unseres Lebens sind. Wir können diese Enttäuschung benutzen, reifer zu werden. Wir können einsehen, daß wir Gewinn und Verlust im Leben nicht kontrollieren können, aber wir können unsere Haltung beeinflussen. Indem wir unsere bitteren Enttäuschungen anerkennen, schaffen wir Raum für Neues in unserem Leben.

(Jeder Teilnehmer benötigt Papier und Bleistift sowie einen Filzschreiber, mit dem er seine Steine numerieren kann.)

~~~~~~~~~~

Ich möchte euch zu einem Ritual einladen, das einigen von uns besonders passend erscheinen wird. Aber ihr könnt dieses Ritual alle später auch allein wiederholen, und ich kann euch versichern, daß es euch immer sehr nützlich sein wird. Es ist ein Ritual für all die Frustrationen, Enttäuschungen und Schmerzen, die wir in uns angesammelt haben. Nur darüber nachzudenken, ist nicht genug. Unser Geist braucht einen konkreten Beweis, daß wir damit fertigwerden, und unsere Gefühle brauchen Bewegung, um sich verändern zu können. Das Ritual wird euch vielleicht an ein Kochrezept erinnern. Dann denkt bitte daran, daß jede exquisite Speise auf irgendeinem Rezept basiert.

Nehmt euch zunächst Schreibzeug und Papier, setzt euch damit irgendwo hin und schreibt all die Frustrationen, Enttäuschungen, all den Ärger und alle Schmerzen auf, mit denen euer Herz gefüllt ist. Vergangenes und Aktuelles, Leichtes und Katastrophales. Konzentriert euch vor allem auf die bitteren Dinge, die ihr wirklich gerne los sein wollt. Vielleicht gibt es ein paar Themen, für die es noch zu früh ist. An die könnt ihr auch später – in einem Monat, in einem Jahr – herangehen. Vielleicht schreibt einer von euch zehn Frustrationen und Verletzungen auf, ein anderer vielleicht zwanzig, und vielleicht wundert ihr euch, wie lange ihr diese Dinge schon mit euch herumgeschleppt habt. (10 – 20 Minuten)

Nun numeriert alle Ärgernisse und Verletzungen, und dann werde ich euch sagen, wie es weitergeht.

Gleich könnt ihr eure Liste nehmen und euch einen Filzschreiber holen. Anschließend sollt ihr nach draußen gehen und Steine sammeln. Sammelt Steine, die zu jedem Schmerz, zu jeder Frustration passen, große und kleine, spitze und eckige. Vielleicht wollt ihr auch darauf achten, daß die Farbe und das Gewicht stimmen. Für die trivialen Schmerzen könnt ihr euch kleine Steine sammeln und für die herzzerreißenden Schmerzen vielleicht scharfe, zackige und schwere Steine. Jeder Stein soll zu einem eurer unerledigten Probleme passen, jeder symbolisiert eine eigene emotionale Welt. Tragt alle Steine zusammen an einen Platz, von dem aus ihr die Steine nachher wegwerfen könnt. Überlegt euch auch, wohin ihr die Steine werfen wollt. Wollt ihr sie im Wasser versenken? Wollt ihr sie einen Abhang hinabwerfen? (Stellt bitte sicher, daß ihr beim Steinewerfen keinen Unbeteiligten verletzt.) Und wenn ihr diesen Platz zum Steinewerfen gefunden habt, dann bringt alle eure Steine dorthin und sortiert sie. Benutzt eure Liste und schreibt die entsprechende Nummer mit dem Filzschreiber auf den Stein.

Wenn alle Steine numeriert sind, kann der letzte Akt des Rituals beginnen, das Wegwerfen der Steine. Macht das ganz langsam und bewußt und gebt jedem Stein, den ihr wegwerft, eine passende Botschaft mit auf den Weg. Wenn ihr den letzten Stein geworfen habt, könnt ihr eure Liste nehmen, sie in kleine Stücke zerreißen und die Schnipsel ebenfalls wegwerfen.

Ihr könnt jetzt entscheiden, ob ihr bei diesem Teil des Rituals allein sein wollt oder ob ihr euch zu zweit zusammentut. Das bietet den Vorteil, daß ihr euch moralisch unterstützen könnt. Außerdem habt ihr nach dem Ritual vielleicht den Wunsch, mit einem Menschen, den ihr schätzt, zusammen zu sein und mit ihm gemeinsam diese Erleichterung zu genießen. ■

FEUERSCHALE

Alter: ab 18 Jahren
Dauer: 60 Minuten

Das folgende Ritual zeigt Ihren Teilnehmern eine schöne Möglichkeit, sich selbst gut zu behandeln. Insbesondere können sie üben, eigene Fehler und Mißerfolge in einem neuen Licht zu sehen, nämlich als unvermeidbare Schritte zu einem wichtigen Ziel. Wer sich die eigenen Fehler immer wieder ankreidet, quält sich und fixiert sich auf die Vergangenheit. Genauso gut können wir Fehler als nützliche Experimente betrachten, aus denen wir etwas lernen können. Unser ganzes Leben ist erfolgreicher, wenn wir das Prinzip von „Versuch und Irrtum" ganz bewußt anwenden. Wir sind dann flexibler und viel eher bereit, uns in neue und schwierige Situationen zu begeben. Und wenn wir einen Fehler gemacht haben, dann dürfen wir ihn feiern als einen Beweis unserer Neugier.
Für dieses Ritual brauchen Sie einen Metallbehälter, z. B. einen Wok, außerdem eine Kerze sowie Papier und Schreibzeug für jeden Teilnehmer; bewährt sind schmale Papierstreifen, wenn möglich in unterschiedlichen Farben.
Wenn Sie die Feuerschale im Raum benutzen, sollte ein Fenster geöffnet sein, damit der Rauch abziehen kann. (Sorgen Sie dafür, daß die Flammen im Wok jederzeit unter Kontrolle sind!)

∿∿∿∿∿∿∿

Ich möchte euch zu dem Ritual der „Feuerschale" einladen. Dieses Ritual kann helfen, uns innerlich zu erleichtern und uns von Fehlern und Mißerfolgen der Vergangenheit zu lösen. Nachher werden wir in dieser Metallschale ein Feuer anzünden, als Symbol der Transformation. Das Feuer wird unsere Papiere verbrennen und sie in Asche umwandeln. Gleichzeitig werden wir daran denken, daß wir Verletzungen, Fehler, Mißerfolge, Ängste umwandeln können in Einsichten und in neue Möglichkeiten. Wenn wir uns unsere Unzulänglichkeiten verzeihen können, dann werden wir viel mehr Schwung für den Teil des Lebens haben, der vor uns liegt. Jetzt haben wir Gelegenheit, diese Dinge hinter uns zurückzulassen.

Gleich könnt ihr anfangen, mit eurer Aufmerksamkeit nach innen zu gehen. Wartet ab, welche Fehler und Mißerfolge, welche Verletzungen und Befürchtungen euch einfallen. Laßt euch diese Dinge ohne große Anstrengung einfallen. Vielleicht wollt ihr dabei die Augen eine Weile schließen... Immer, wenn euch etwas eingefallen ist, was ihr gern loswerden wollt, könnt ihr die Augen öffnen und es aufschreiben. Vielleicht wollt ihr Formulierungen benutzen wie: „Ich verzeihe mir, daß ich meinen Vater so oft kritisiert habe. Ich werde jetzt ruhiger sein, wenn ich mit ihm zusammen bin." Laßt euch genügend Zeit, eine Formulierung zu wählen, die zum Ausdruck bringt, daß ihr euch keine Vorwürfe mehr macht und bereit seid, das Leben immer neu und auf eine andere Weise zu beginnen. Schreibt so viele Dinge auf, wie euch einfallen. Wenn ihr den Eindruck habt, daß die Zeit noch nicht reif ist, euch selbst einen bestimmten Fehler oder Mißerfolg zu verzeihen, dann behaltet ihn einfach noch und wartet auf eine andere Gelegenheit.

Ich werde jetzt schweigen und euch eine Viertelstunde Zeit geben, um nachzudenken und zu schreiben.

Jetzt werde ich die Feuerschale in die Mitte des Kreises stellen und daneben eine brennende Kerze. Immer einer von uns kann in die Mitte gehen, seine Zettel – einen nach dem anderen – anzünden und sie in die Feuerschale legen. Wir anderen werden schweigend den Flammen zuschauen und uns vielleicht darüber freuen, daß wir uns selbst verzeihen dürfen, immer und immer wieder... ■

SALZWASSER-RITUAL

Alter: ab 18 Jahren
Dauer: 30 – 60 Minuten

Dies ist ein sehr schönes Reinigungsritual, bei dem die Teilnehmer sich von unangenehmen und giftigen Gedanken und Gefühlen befreien können. Alles, was dem Salzwasser übergeben wird, wird laut benannt. Dieser Vorgang ist tröstlich und anregend, weil die Gruppe viele Gemeinsamkeiten feststellen kann.
Manche Gruppen geben die Schale mit Salzwasser immer und immer wieder im Kreis herum, um all die negativen Dinge aus ihrem Inneren loszuwerden. Oft werden die Teilnehmer dabei von den anderen angefeuert und unterstützt.
Sie benötigen ein kelchartiges Glasgefäß, das mit Wasser gefüllt ist, außerdem drei Teelöffel Salz.

Ich möchte euch zu einem Reinigungsritual einladen. Ihr könnt dasselbe Ritual in Zukunft auch ganz allein für euch benutzen, wenn ihr euch sehr belastet fühlt, in Krisenzeiten, wenn ihr Angst habt, wenn ihr deprimiert seid, wenn euch alles zuviel wird. Dann kann euch diese symbolische Aktion neue innere Ruhe geben und neuen Optimismus. Alles, was wir dazu brauchen, ist Ruhe, Konzentration und ein Gefäß wie diesen gläsernen Kelch. Und so beginnen wir dieses Ritual: Ich gebe drei Teelöffel Salz in das klare Wasser und rühre es mit einem Löffel um, bis sich das Salz in dem Wasser ganz gelöst hat. Dann halte ich den Kelch mit beiden Händen vor mich hin und blicke in das Salzwasser. Nun gebe ich mir die Erlaubnis, alles, was mich belastet, Befürchtungen, Sorgen, Zweifel, Wut und Enttäuschungen, in mir aufsteigen zu lassen. Dann konzentriere ich mich auf eines dieser Dinge und sage z. B.: „Ich übergebe meine Eifersucht dem Wasser in diesem Kelch." Dann kann ich mir vorstellen, daß meine Eifersucht beim Ausatmen in das Wasser fließt. Ich kann mir vorstellen, daß meine Eifersucht das Wasser zunächst trübt. Aber dann kann ich sehen, daß die reinigende Kraft des Salzwassers die Trübung beseitigt, und ich kann vielleicht sehen, wie das Wasser jetzt wieder ganz klar und rein ist.

Nun gebe ich den Kelch an meinen rechten Nachbarn weiter. Er wird den Kelch einen Augenblick halten und nun seinerseits etwas in das Salzwasser geben, was er gern los sein möchte, Ärger, Selbstzweifel, übertriebenen Ehrgeiz, was auch immer. So geht es immer weiter, und wir wollen uns alle Zeit gönnen, die wir brauchen, damit wir uns nachher erfrischt, entlastet und innerlich gereinigt fühlen können. Und wenn jemand nichts mehr in den Kelch hineintun will, gibt er ihn einfach weiter.

(Lassen Sie den Kelch solange kreisen, bis jedes Gruppenmitglied sich ausreichend entlastet fühlt. Leiten Sie dann den zweiten Teil dieses Rituals ein.)

Und nun möchte ich euch zeigen, wie wir dieses Ritual beenden. Ich werde in der Mitte des Kreises eine Kerze anzünden. Wieder halte ich den Kelch in beiden Händen. Ich werde tief einatmen und dabei spüren, wie ich mit meinem Atem auch die Kraft der Erde in mir aufsteigen lasse, und beim Ausatmen lasse ich diese Kraft in das Salzwasser fließen. Dabei stelle ich mir vor, wie das Wasser anfängt zu leuchten und zu funkeln. Und nun werde ich einen kleinen Schluck von dem Wasser trinken. Wenn es meine Zunge berührt, darf ich wissen, daß ich angefangen habe, mich zu regenerieren. All die traurigen und unangenehmen Dinge haben sich in neue Energie verwandelt, in Neugier, in Zuversicht.

Und so wird der Kelch weiter im Reis herumwandern. Wir anderen können innerlich dabeisein und jedem, der den Kelch gerade hält, wünschen, daß er sich nachher besser fühlt, hoffnungsvoller, ruhiger und frischer.

(Am Ende des Rituals soll das restliche Salzwasser in ein fließendes Gewässer geschüttet werden oder, wenn das nicht möglich ist, einfach in einen Ausguß.) ■

SELBSTACHTUNG

Alter: ab 18 Jahren
Dauer: 60 Minuten

Das folgende Ritual gibt den Teilnehmern Gelegenheit, die eigene Selbstachtung auf eine symbolische Weise zu verstärken.
Das Ritual hat auch die Aufgabe, uns daran zu erinnern, daß wir gut für uns sorgen und dazu auch die Hilfe unserer Freunde von Zeit zu Zeit in Anspruch nehmen dürfen.

Unsere Selbstachtung spielt eine wichtige Rolle im Leben. Was wir sagen, wie wir uns ausdrücken, was wir uns zutrauen, all das hängt von dem Zustand unserer Selbstachtung ab. Manchmal haben wir mehr Selbstachtung, manchmal haben wir weniger Selbstachtung. Je weniger Selbstachtung wir haben, desto reizbarer, unsicherer und unglücklicher sind wir. Je mehr Selbstachtung wir haben, desto besser geht es uns – wir sind dann neugierig, optimistisch und in der Lage, auch mit schwierigen Dingen fertigzuwerden.
Wahrscheinlich hat jeder von uns seine eigenen Möglichkeiten entwickelt, wie er seine Selbstachtung auffrischen kann. Ich möchte euch ein Ritual zeigen, bei dem jeder die Gruppe benutzen kann, um etwas für die eigene Selbstachtung zu tun.
Zunächst möchte ich euch vorschlagen, daß ihr euch bequem hinsetzt und euch Zeit laßt, all die anderen Gruppenmitglieder anzuschauen. Während ihr das tut, macht euch bitte klar, daß jeder von uns auf seine Art ein Wunder ist, ein Teil der Schöpfung und Ausdruck der geheimnisvollen Kraft des Lebens. Bitte bemerkt eure Gefühle, wenn ihr einander anschaut. Und wenn eure Blicke von einem zum anderen wandern, könnt ihr daran denken, daß eure Selbstachtung auch etwas Lebendiges ist. Manchmal ist sie stärker, manchmal ist sie schwächer, aber ihr wißt, wie gut wir uns fühlen, wenn wir uns selbst schätzen

können, wenn wir uns wohl fühlen in unserer Haut, wenn wir uns den anderen ebenbürtig fühlen. (1 – 2 Minuten)

Und nun möchte ich euch erklären, wie unser Ritual abläuft. Stellt euch bitte in einer langen Reihe auf, einer hinter dem anderen, und spreizt die Beine. Nun brauche ich einen Freiwilligen, der als erster bereit ist, etwas für seine Selbstachtung zu tun. Dieses Gruppenmitglied geht an den Anfang der Reihe und schaut auf all die anderen, die da mit gespreizten Beinen stehen. Diese Menschenkette will ihm bei der Wiedergeburt seiner Selbstachtung helfen. Der Freiwillige legt sich auf den Rücken, die Hände auf den Oberschenkeln und die Augen geschlossen. Die Menschenkette symbolisiert den Geburtskanal. Das liegende Gruppenmitglied gibt uns zu erkennen, daß es bereit ist, die Wiedergeburt seiner Selbstachtung zu erleben, daß es sich darauf eingestellt hat, sich von der Gruppe etwas schenken zu lassen.

Und ganz behutsam werden die stehenden Gruppenmitglieder den Freiwilligen durch den Geburtskanal ziehen, ganz langsam und liebevoll. Der Freiwillige muß nichts tun. Er kann ganz locker daliegen und warten, was passiert, und es vielleicht genießen, daß da so viele Hände sind, die ihn langsam weiterbefördern. Wenn der Betreffende am Ende des „Geburtskanals" angekommen ist, laßt ihn bitte eine Weile dort liegen, damit er auch diesen Augenblick deutlich erleben kann. Dann steht der Betreffende auf. Der letzte „Geburtshelfer" ist vielleicht bereit, sich zu ihm umzudrehen und ihn mit einer Umarmung zu begrüßen. Vielleicht haben diese beiden auch Lust, ein paar Worte zueinander zu sagen. Das „wiedergeborene" Gruppenmitglied stellt sich an das Ende der Reihe und hilft bei der nächsten „Geburt".

Ihr könnt diesen „Geburtsvorgang" schweigend gestalten, ihr könnt aber auch ein paar liebevolle Dinge sagen, wenn euch spontan etwas einfällt. Und so geht es immer weiter, bis alle die Wiedergeburt ihrer Selbstachtung erlebt haben.

(Anschließend setzt sich die Gruppe wieder zusammen zu einem kurzen Blitzlicht.) ■

SELBST-SYMBOL

Alter: ab 14 Jahren
Dauer: 60 – 90 Minuten

Dieses Ritual eignet sich für erfahrene Gruppen wie auch für Anfän-
ger. Es ist nicht nötig, daß sich die Teilnehmer besonders gut kennen.
Sie benötigen jedoch ein großes Sortiment von Bastelmaterial: farbi-
gen Bastelkarton, Klebstoff, Scheren, Draht, Wachsmalstifte, Filzschreiber, Ton, Wollfäden, Stoffreste, kleine Plastikfiguren, getrockne-
te Blumen, Moos, Zweige, Samen, Tannenzapfen, Steine, Muscheln,
Gräser, Federn, Aluminiumfolie usw.; außerdem Papier und Bleistift.
Die Teilnehmer sitzen im Kreis am Boden und alles Material liegt in
der Mitte.

Ich möchte euch zu einem ganz besonderen Ritual einladen, zu einem
Künstlerritual. Wir werden diesen Raum in eine Werkstatt verwan-
deln, und jeder kann etwas herstellen, was es noch nie zuvor gegeben
hat. Das einzige, was ihr dazu braucht, ist eure Bereitschaft mitzumachen und euch überraschen zu lassen. Zu Beginn nehmt euch ein
Blatt Papier und schreibt zwei Worte darauf: „Ich bin...“ Dann
schreibt ein paar Sätze auf, mit denen ihr eure Persönlichkeit
beschreibt: eure Gefühle, Bedürfnisse, eure Wünsche, Stärken und
Schwächen, eure Interessen, eure Beziehungen, eure Lebenssituation,
das, woran ihr glaubt oder wofür ihr euch im Leben einsetzen wollt.
(Also z. B.: Ich bin ein typischer Hamburger; ich bin ein zärtlicher
Mann, ich bin verletzlich; ich liebe die Natur usw...)
Überlegt euch in aller Ruhe, wie ihr euch im Augenblick beschreiben
möchtet, und bringt es dann zu Papier. (5 Minuten)
Jetzt will ich euch sagen, wie es weitergeht: Zunächst soll jeder laut
vorlesen, was er geschrieben hat. Niemand wird eine Frage stellen,
niemand wird einen Kommentar dazu geben...
Nun könnt ihr euch aus all dem Material, das in der Mitte liegt, ver-

schiedene Dinge aussuchen, die euch gefallen, und ihr könnt irgend-ein Objekt daraus herstellen, das eure Persönlichkeit oder wichtige Teile davon darstellt. Dafür habt ihr ungefähr 30 Minuten Zeit. Es soll möglichst wenig dabei gesprochen werden, nicht mehr als: „Gib mir bitte einen von den Tannenzapfen." oder „Kann ich jetzt die Schere haben?" Jeder kann nehmen, was er gern verwenden möchte, und daraus etwas formen, was ihm gefällt. Es ist ganz egal, wie ihr die Dinge zusammenfügt, und die einzige Stimme, auf die ihr hören sollt, ist eure eigene innere Neigung. Jedes Objekt wird eine ganz persönliche Schöpfung sein. Wer schon fertig ist, bleibt bitte still sitzen. Vielleicht ist es ungewohnt, in einer Gruppe so lange zu schweigen, aber ich möchte euch Gelegenheit geben, daß ihr euch ganz auf eure innere Welt konzentriert. (30 – 45 Minuten)

Nun legt eure Objekte vor euch auf den Boden. Gleich kann jeder sein Objekt vorstellen und uns erzählen, was er bei seiner Herstellung gedacht und empfunden hat, was es über seine Persönlichkeit sagen soll und was er jetzt darüber denkt. Sagt uns auch, ob ihr dieses Objekt behalten wollt, ob ihr es verschenken wollt, wo ihr es aufbe-wahren wollt oder ob ihr sonst irgend etwas anderes damit machen möchtet. Ihr seid völlig frei, was ihr damit tun werdet. Ihr könnt es aufbewahren oder ihr könnt es zerstören, ganz wie es euch passend erscheint. ∎

BUCH DES LEBENS

Alter: ab 18 Jahren
Dauer: 60 Minuten

Dies ist ein Ritual mit einer sehr eleganten Struktur. Es wird dabei nicht gesprochen, sondern die Teilnehmer gehen schweigend herum und probieren dabei immer wieder, die eigene Biographie in nur einem Satz zusammenzufassen. Das Herumgehen erleichtert es ihnen, das eigene Leben aus immer neuen Perspektiven zu betrachten. Die fremden Biographien, die jeder in seinem „Buch des Lebens" sammelt, bieten ebenfalls Anregungen, die eigene Lebensgeschichte immer ein wenig anders zu sehen.
Voraussetzung für dieses Ritual ist, daß die Teilnehmer gut miteinander vertraut sind. Ein geeigneter Zeitpunkt ist die Abendsitzung.
Sie benötigen für jeden Teilnehmer ein Schreibheft.

〜〜〜〜〜〜〜

Ich möchte euch zu einem stillen Ritual einladen, bei dem ihr so gut wie gar nicht sprechen sollt. Dafür werden wir uns schriftlich mitteilen. Das Ritual hat den Namen „Buch des Lebens". Ich möchte euch jetzt erklären, wie es zu diesem Namen kommt. Jeder von euch kann sich gleich ein leeres Schreibheft holen und auf das Etikett den Namen des Rituals schreiben, nämlich „Buch des Lebens". Und dann kann das Ritual beginnen.
Ihr könnt im Raum herumgehen und anfangen, bei den anderen Gruppenmitgliedern Beiträge für euer Buch des Lebens einzusammeln. Ihr wißt, daß Biographien normalerweise zu den dicken Büchern gehören, aber hier wollen wir versuchen, uns ganz kurz zu fassen. Wer einen Eintrag in das Buch des Lebens macht, soll versuchen, seine ganze Lebensgeschichte in einem einzigen Satz zu komprimieren. Das ist sicherlich eine ungewöhnliche Aufgabe, an die ihr euch langsam herantasten könnt. Bitte vergeßt nicht, unter eure „Kurzbio-

graphie" euren Namen zu schreiben, euer Alter und das heutige Datum.

Und laßt euch genügend Zeit. Wenn jemand in euer Heft geschrieben hat, dann habt ihr vielleicht Lust, ein wenig im Raum herumzugehen und euch den neuen Eintrag aufmerksam durchzulesen. Ihr könnt Unterschiede und Parallelen zu eurem eigenen Leben bemerken, und mit jedem neuen Eintrag, den ihr selbst in das Heft eines anderen Teilnehmers vornehmt, werdet ihr vielleicht staunen, aus wie vielen Perspektiven ihr euer Leben betrachten könnt. Benutzt bitte immer eine neue Seite. Wenn ihr bei jedem anderen Gruppenmitglied gewesen seid und euer Heft die Ein-Satz-Biographie aller anderen Teilnehmer enthält, dann setzt euch in aller Ruhe hin und schreibt in euer Heft eure eigene Ein-Satz-Biographie. Bleibt dann still sitzen und wartet ab, bis auch alle anderen Gruppenmitglieder das Ritual zu Ende geführt haben.

(Es ist empfehlenswert, im Anschluß an dieses Ritual keine Auswertung vorzunehmen. Ein Blitzlicht genügt.) ■

SELBSTBEWUSSTSEIN

Alter: ab 16 Jahren
Dauer: 1 Stunde

Bei diesem Ritual können die Teilnehmer sich mit ihrem „inneren Selbst" beschäftigen. Ein Teil unserer Persönlichkeit ist fremdbestimmt durch Wünsche und Erwartungen der Eltern, durch berufliche Rollen, durch die eigenen Abwehrmechanismen, mit denen wir uns vor Verletzungen schützen möchten. Aber tief in uns gibt es unser authentisches Selbst, die Quelle unserer Lebendigkeit, unserer Spontaneität, unserer Vitalität. Dieses authentische Selbst können wir kaum mit Worten beschreiben, aber wir können versuchen, ihm auf künstlerische Weise Ausdruck zu verleihen.
(Sie benötigen ein paar Rollen Blumendraht, einige Drahtzangen, ein paar Rollen mit bunten Zierbändern und einige Scheren.)

∿∿∿∿∿∿∿∿

Ich möchte euch zu einem Ritual einladen, das jeden von uns daran erinnert, daß er wertvoll und einzigartig ist. Setzt euch im Kreis zusammen, macht es euch bequem und schließt die Augen.
Fang einfach damit an, auf deinen Atem zu achten. Streng dich beim Atmen nicht besonders an, aber vielleicht kannst du deinem Körper die Erlaubnis geben, sich ein wenig zu entspannen...
Benutze diese Gelegenheit, um in deinem Körper herumzuspazieren und Stellen zu finden, die sich angespannt fühlen. Wenn du sie findest, dann kannst du ihnen ein Lächeln schenken, weil sie dir zu verstehen geben, daß sie deine Aufmerksamkeit brauchen. Hilf ihnen, locker zu lassen, und laß die Anspannung beim Ausatmen aus dir herausfließen... (1 Minute)
Und nun kannst du noch ein wenig tiefer in dich hineingehen und dir eine wichtige Botschaft geben. Vielleicht kannst du dir selbst sagen, daß du wertvoll bist, daß du lebendig bist, daß du einzigartig bist,

daß es auf der ganzen weiten Welt niemanden gibt, der genauso ist wie du. Natürlich kannst du viele Parallelen zwischen dir und anderen feststellen, und gleichzeitig spürst du, daß du dich von allen Menschen unterscheidest. Das gilt auch für deine Familie, für deine Kindheitsfamilie und für die Familie, in der du jetzt lebst. An keinem Platz der Welt gibt es ein Duplikat von dir.

Darum gib dir ruhig einen Augenblick der Anerkennung und denke daran, daß du einzigartig bist. Du kannst mit niemandem sonst verglichen werden. Im Kern kannst du auch mit niemandem konkurrieren, wenn du die Grundgesetze des Lebens verstehst. Du bist einzigartig, darum verdienst du Achtung und Respekt. Du bist ein wertvoller Teil der Schöpfung und des Lebens. Vielleicht kannst du jetzt einen Unterschied machen zwischen dir als Bestandteil der Schöpfung und deinem Verhalten, das vielleicht nicht immer vollkommen ist. Deine Stärke kommt daher, daß du deine innere Vollkommenheit anerkennst. Diese Stärke kannst du benutzen, um neue Dinge zu lernen und um dich zu verändern. Unsere Stärke kommt aus der Kooperation unseres inneren Selbst mit unserem Verhalten und mit unserem Charakter.

Gleich kannst du die Augen wieder öffnen und mir zuhören, wenn ich den Hauptteil dieses Rituals beschreibe.

Ich habe in die Mitte des Kreises ein paar Materialien gelegt, die ihr nachher benutzen könnt. Zunächst werde ich jedem von euch ein Stück Draht geben. Während ihr es in der Hand haltet, könnt ihr über euer Leben nachdenken... Jeder von uns ist einzigartig. Jeder von uns hat ganz besondere Gaben für sich und für die Welt; jeder von uns hat in sich ein geheimnisvolles Zentrum, das ihn von allen anderen unterscheidet. Manchmal möchten wir so sein wie andere, weil wir Angst haben, unser inneres Selbst auszudrücken.

Ihr könnt den Draht gleich benutzen, um ihm eine Form zu geben, eine symbolische Form, die euch und euer inneres Leben ausdrückt. Überlaßt es euren Händen, diese Arbeit zu übernehmen. Beobachtet, wie sich der Draht in euren Händen bewegt und sich formt zu einem Symbol eures Lebens. Ihr könnt all das Material benutzen, das ich bereitgestellt habe. Bitte sprecht nicht bei der Arbeit. Arbeitet an eurem Platz im Kreis und laßt euch überraschen von eurer eigenen Intuition. Wenn ihr fertig seid, wartet ruhig ab, bis auch die anderen Gruppenmitglieder ihre Arbeit abgeschlossen haben.   ■

RINGRITUAL

Alter: ab 16 Jahren
Dauer: 60 Minuten

Wenn wir deprimiert und ängstlich sind, kann uns die Zeremonie des „Ringrituals" helfen. Sie bringt uns in Kontakt mit den wichtigen Wünschen, die wir an das Leben haben. Sie unterstreicht unser Recht, Wünsche und Träume zu haben. Das Gruppenerlebnis kann dann ein guter Resonanzboden sein, der unseren Wünschen die Kraft der sich selbst vollziehenden Prophezeiung gibt.
(Sie benötigen einen schönen Ring, am besten einen mit einem großen Stein, z. B. Aquamarin, Mondstein, Bergkristall o. ä., außerdem ein Tuch, um damit den Ring am Ende des Rituals zuzudecken.)

Ich möchte euch zu einem Ritual einladen, bei dem wir uns Zeit geben wollen für unsere Hoffnungen, Wünsche und Träume. Setzt euch im Kreis zusammen und gebt einander die Hände. Laßt uns ein paar Minuten zusammen atmen und spüren, wie die Energie unserer Gruppe im Kreis herumfließt. (1 – 2 Minuten)
Nun laßt die Hände los und schließt einen Augenblick die Augen.
Vielleicht magst du dir vorstellen, daß du ein Kind des Himmels und der Erde bist. Wenn du daran glaubst, daß du ein Recht hast auf all die Schätze dieser Welt, dann mußt du nur bereit sein, dich auf die Suche zu machen. Vielleicht magst du zunächst ganz tief in dein Inneres gehen, wo du jenen Schatz aufbewahrst, der durch deinen Namen bezeichnet ist. Bemerke all die Schätze, die du schon hast... Und bemerke auch einiges, was du dir wünschst und was du noch nicht hast... Gib dir selbst die Erlaubnis, diese Dinge zu erlangen.
Träume und Wünsche gehören zusammen. Träume und Wünsche können wie im Märchen, so auch im wirklichen Leben, Wahrheit werden. Du kannst die Macht eines goldenen Zauberringes benutzen,

damit das geschieht. Stell dir deinen eigenen goldenen Zauberring in deiner Hand vor. Statte diesen Ring mit der Fähigkeit aus, deine Angst vor Risiken und Unsicherheiten aufzulösen. Gib diesem Ring deine Bereitschaft, durch Anstrengungen hindurchzugehen, in etwas Neues einzutreten und das herauszufinden, was du brauchst.

Der goldene Zauberring gibt dir die Macht, über deine eigenen Tabus hinauszugehen und Neues zu sehen.

Laß dir einen Augenblick Zeit und betrachte den goldenen Zauberring, den du in deiner Phantasie geschaffen hast. Spüre, wie er sich anfühlt. Schau dir seine Form an. Dieser Ring gehört dir dein ganzes Leben lang, und du kannst ihn so gebrauchen, wie du möchtest. Und du kannst jeden Tag mit der Hilfe dieses Zauberringes beginnen.

Und nun atme einmal tief aus und öffne deine Augen wieder. Gleich werden wir unser Ritual fortsetzen mit diesem Ring, den ich mitgebracht habe. Wir werden diesen Ring von einem zum anderen herumgeben, und wer immer den Ring in Händen hält, kann sich auf ihn konzentrieren und Wünsche und Träume, Hoffnungen und Inspiration in sich aufsteigen lassen. Und der Ring soll dreimal im Kreise herumgegeben werden, ohne daß wir dabei sprechen. Und auch wir anderen, die den Ring gerade nicht haben, können unsere Wünsche bedenken und uns vorstellen, wie wir uns fühlen, wie unser Leben sein wird, wenn diese Wünsche Wahrheit geworden sind.

Wenn der Ring ein viertes Mal herumgegeben wird, kann jeder, der dazu bereit ist, einen Wunsch aussprechen. Dieser Wunsch soll dreimal genannt werden. Und die übrigen Gruppenmitglieder können, wenn sie dazu bereit sind, jedesmal sagen: „So sei es." Und wir alle wollen demjenigen, der seinen Wunsch mitteilt, unsere Unterstützung geben, indem wir ihm Energie senden und uns vorstellen, daß dieser Wunsch in Erfüllung geht. Dann wird der Ring wieder weitergegeben, bis jeder den Wunsch oder die Wünsche genannt hat, die für ihn besonders wichtig sind. Und natürlich hat jeder die Freiheit, auch schweigend einen wichtigen Wunsch zu formulieren. Nun können wir beginnen.

(Geben Sie den Ring gegen den Uhrzeigersinn im Kreis herum. Wenn keine Wünsche mehr ausgesprochen werden und der Ring wieder zu

Ihnen zurückgekommen ist, können Sie sagen:)

Wir haben einige unserer Wünsche und Träume benannt und wir wissen, daß wir das Recht haben, immer wieder unsere Träume und Wünsche auszudrücken. Ich werde den Ring in die Mitte des Kreises legen und ihn mit einem Tuch bedecken... Nun wollen wir uns noch einmal die Hände geben und spüren, wie sich unser aller Energie verbindet und im Kreis herum strömt. (1 – 2 Minuten)

Und nun laßt die Hände der anderen wieder los. Unser Wunschritual ist zu Ende. ■

INNERLICH AUFRÄUMEN

Alter: ab 18 Jahren
Dauer: 60 – 90 Minuten

Von Zeit zu Zeit müssen wir in unserem Leben Raum für neue Möglichkeiten schaffen. Dazu können wir durch unsere Wohnungen und Häuser gehen und uns von Dingen trennen, die uns eher Platz wegnehmen, als daß sie unserem Leben Freude und Energie zuführen. Aber wir wollen nicht vergessen, daß wir auch die Schränke und Truhen unseres Geistes immer wieder aufräumen und entlasten müssen, damit wir uns von Dingen trennen, die uns nicht mehr dienen. Dazu gehören alte Ressentiments, alte Verletzungen, lang gehegte Eifersucht, irrationale Gedanken, abgelegte Illusionen usw. So plausibel ein solches Aufräumen ist, für viele von uns ist das gar nicht so leicht. Aber dieses Ritual bietet eine sehr schöne Unterstützung an. Die Teilnehmer können einander inspirieren, gründlich im Inneren aufzuräumen.

〰〰〰〰〰〰

Ich möchte euch zu einem Ritual einladen, das uns helfen kann, Platz zu schaffen für neue Möglichkeiten in unserem Leben. Wir werden dieses Ritual mit einer Phantasiereise beginnen.
Schließ deine Augen und achte eine Weile auf deinen Atem. Dann kannst du dir selbst die Erlaubnis geben, ganz nach innen zu gehen, wo du jenen Schatz aufbewahrst, der durch deinen Namen bezeichnet ist. Dort hast du alles, was du brauchst, um dein Leben zu meistern. Betrachte auch all die anderen Schätze, die du dir in deinem Leben erworben hast. Bemerke zunächst all die Dinge, die du heute gut benutzen kannst, Dinge, die sich bewährt haben, die für dich nützlich sind... (30 Sekunden)
Aber es gibt auch Dinge in den Schatzkammern deines Geistes, über die du hinausgewachsen bist, die du heute nicht mehr gebrauchen kannst. Früher einmal haben sie dir geholfen; z. B. hat dir vielleicht

eine gewisse Hartnäckigkeit gedient, als du ein kleines Kind warst, weil du damit schwierige Dinge immer wieder ausprobieren konntest. Vielleicht brauchst du diese Hartnäckigkeit nicht mehr oder nur noch in anderer Form.

Gib dir einfach Gelegenheit, dich in den Schatzkammern deines Geistes umzuschauen, um Dinge zu finden, die nicht mehr passen. Früher waren sie nützlich. Wenn du so etwas entdeckst, merkst du vielleicht, daß du ganz anerkennend lächelst oder vielleicht auch schmerzlich. Kannst du jetzt erkennen, daß du etwas loslassen mußt, ohne Bedauern und mit einer ruhigen Sicherheit?...

Und vielleicht entdeckst du auch alte Regeln, die du inzwischen umgestaltet hast. Kannst du auch sie mit einer gewissen Dankbarkeit dafür loslassen, daß sie dir früher geholfen haben?

Vielleicht bemerkst du auch alte Einstellungen, die früher gepaßt haben, die aber jetzt nicht länger förderlich sind. Kannst du sie loslassen, weil du weißt, daß sie zu einer anderen Periode deines Lebens gehören und daß du sie damals gebraucht hast? Jetzt siehst du dein Leben anders, vielleicht klarer, vielleicht aus einer anderen Perspektive. Und wenn in deinem Inneren mehr Platz entsteht, dann kannst du die Dinge betrachten, die du noch nicht hast und die du dir für dich wünschst. Du kannst dir selbst die Erlaubnis geben, neue Dinge zu lernen. Dabei spielt es keine Rolle, wie alt du bist. Wenn du in deinem Geist mehr Raum schaffst, weil du alte Dinge aufgegeben hast, dann wird es leichter für dich, neuen Möglichkeiten nachzugehen. Vielleicht hast du Lust, an etwas zu denken, was in der Zukunft auf dich wartet, vielleicht eine neue Fertigkeit, eine neue Liebe, eine neue Möglichkeit, eine neue Art zu leben. Betrachte diese Dinge und mach dir klar, daß du alles hast, was du brauchst, um das zu erreichen. Dabei ist nicht in erster Linie die Kraft deines Willens ausschlaggebend, sondern die positive Energie, die von dir ausgeht, um diese neuen Möglichkeiten anzuziehen. Und du kannst diese positiven Energien auf verschiedene Arten verstehen. Du kannst dir sagen, daß du viele Ressourcen in deinem Leben erworben hast; du kannst spüren, daß du dich selbst achtest und liebst; und du kannst bereit sein, Energie in dich hineinzulassen: Energie von der Erde, die dir Standfestigkeit schenkt, und Energie vom Himmel, die dir Intuition gibt und die Fähigkeit, mit anderen gut auszukommen.

Ich werde gleich schweigen, damit du selbst ein wenig Zeit in deinen inneren Schatzkammern verbringen kannst, um Dinge zu finden, von denen du dich trennen willst, weil sie nicht länger zu dir passen, und um zu entscheiden, für welche neuen Möglichkeiten du diesen freien Raum benutzen möchtest. Und wenn du aussortierst und neuen Raum schaffst, dann kannst du dabei wissen, daß das Leben immer vorangeht und nie zurück. Wenn wir zurückgehen, gehen wir zwar in das Bekannte, aber wir können nur verlieren. Wenn wir vorangehen, gehen wir in das Unbekannte, aber wir können uns darauf verlassen, daß unsere Ressourcen uns schützen. (2 – 3 Minuten)

Und nun kannst du mit deiner Aufmerksamkeit wieder zurück in diesen Raum kommen und die Augen öffnen. Atme einmal tief aus und stell dich darauf ein, daß du mit uns allen den nächsten Schritt gehst. Für all die Dinge, die wir aus den Schatzkammern unseres Geistes entfernen wollen, werde ich in die Mitte des Kreises eine imaginäre Truhe stellen, die weit mehr Platz hat, als wir uns vorstellen können. Jeder von uns kann, so oft er will, zu dieser imaginären Truhe gehen und uns sagen, was er dort hineinlegt, um bei sich Platz für Neues zu schaffen. Und wer will, kann uns auch sagen, wofür er den neugewonnenen Platz benutzen möchte.

(Fordern Sie Ihren rechten Nachbarn auf zu beginnen...) ∎

EIN SCHRITT ZUR ZEIT

Alter: ab 18 Jahren
Dauer: 30 – 45 Minuten

In diesem Ritual geht es vor allem um unsere Beziehungen, um unser Muster von Kontakt und Rückzug und um die Konsequenzen, die unsere Entscheidungen nach sich ziehen. Die Gruppe ist dabei ein symbolisches Laboratorium, in dem die Teilnehmer experimentieren. Sie können herausfinden, welche alten Muster sie bei ihren Beziehungen anwenden, aber sie können auch probieren, auf neue Weise Erfahrungen zu sammeln.
Dieses Ritual eignet sich für intensive Gruppen, die bereits einige Zeit zusammengearbeitet haben. Ein guter Zeitpunkt ist die Abendsitzung.

⌇⌇⌇⌇⌇⌇⌇⌇⌇

Ich möchte euch zu einem Ritual einladen, das euch vielleicht an eine Bewegungsmeditation erinnert. Es wird euch auch daran erinnern, daß wir im Leben immer wieder Entscheidungen treffen müssen und daß unsere Entscheidungen Konsequenzen haben.
Bitte steht auf, stellt die Stühle zurück und verteilt euch im Raum. Einige von euch können vielleicht die Fenster anschauen, andere die Wände, die Tür usw. Sobald ihr einen Platz gefunden habt, bleibt da...
Dieses Ritual heißt: „Ein Schritt zur Zeit." Dies sind die Regeln: Jedesmal, wenn ich euch bitte, einen Schritt zu machen, dann geht in irgendeine Richtung, für die ihr euch entscheidet, aber bitte geht nur einen Schritt. Das kann ein großer oder ein kleiner Schritt sein, er kann nach rechts oder links, vorwärts oder rückwärts führen, aber bitte macht nur einen Schritt zur Zeit.
Und jedesmal, wenn ihr einen Schritt macht, dann konzentriert euch darauf, wo ihr mit diesem Schritt hingelangt seid und wie ihr euch an diesem neuen Ort fühlt. Seht euch um und bemerkt, wo all die anderen sind, wie nahe und wie fern von ihnen ihr an diesem Platz seid.

In diesem Ritual geht ihr durch die Welt, langsam und bewußt und immer neu entscheidend. Dadurch, daß ihr immer nur einen Schritt zur Zeit geht, werdet ihr in der Lage sein, eure Existenz von Augenblick zu Augenblick zu betrachten.

Und es gibt noch eine weitere Regel: Mit jedem Schritt habt ihr auch die Möglichkeit, irgendeine Art körperlichen Kontakt zu einem Gruppenmitglied aufzunehmen, wenn es denn jemanden in eurer Nähe gibt. Ihr könnt die Hand, die Schulter des Betreffenden berühren, ihr könnt ihn umarmen, ihr könnt alles tun, was angenehm und natürlich für euch selbst ist. Aber dies ist eure Entscheidung. Ihr müßt niemanden berühren und ihr braucht auch nicht darauf zu reagieren, wenn euch jemand berührt.

Die dritte wichtige Regel kommt jetzt: Bitte sprecht bei diesem Ritual nicht. Widersteht der Versuchung, Freundlichkeiten oder irgendwelche Kommentare auszutauschen. Es ist wichtig, daß ihr dieses Ritual mit eurem ganzen Körper erlebt und euch nicht ablenkt durch verbale Kommunikation.

Ihr werdet also immer einen Schritt zur Zeit machen in irgendeine Richtung. Und immer wenn ihr einen Schritt macht, dann registriert, wo ihr seid und wo die anderen sind. Bemerkt auch eure Gefühle und wißt, daß ihr mit jedem Schritt die Option habt, jemanden zu berühren oder auf die Berührung eines anderen zu reagieren, aber bitte sprecht nicht dabei.

Jetzt sind wir fertig, und wir können das Ritual beginnen. Macht bitte euren ersten Schritt. Konzentriert euch auf das Gefühl, das diesen ersten Schritt begleitet. Dies ist ein Schritt ins Unbekannte. Seht euch um. Bemerkt eure Gefühle, bemerkt, wer in eurer Nähe ist.

Macht jetzt euren zweiten Schritt. Jedesmal, wenn ihr einen Schritt macht, trefft ihr eine Wahl, und jede Entscheidung hat ihre Konsequenzen. Denkt darüber nach...

Jetzt macht euren dritten Schritt. Jeder von uns hat sein eigenes Muster und seinen eigenen Rhythmus, um sich in der Welt zu bewegen. Überdenkt jetzt die Abfolge eurer ersten drei Schritte. Gibt es irgendein Muster, das sich zu entfalten beginnt?

Macht nun den vierten Schritt. Es ist uns unmöglich, alles zu bekommen, was wir möchten. Wir müssen uns entscheiden und eine Wahl treffen. Jeder Schritt ist eine Entscheidung, jeder Schritt ist eine Wahl.

Und jetzt macht wieder einen Schritt. Bei jedem Schritt könnt ihr die Richtung selbst bestimmen: vorwärts oder rückwärts, nach links oder nach rechts. Und ihr habt die Wahl, ob ihr körperlichen Kontakt mit jemandem aufnehmen wollt oder nicht.

Macht wieder einen Schritt. Schaut euch um und bemerkt, wo all die anderen sind, und haltet euch bitte daran, nicht zu sprechen. Ehe ihr den nächsten Schritt macht, könnt ihr vielleicht versuchen herauszufinden, welche Wünsche ihr habt. Auf welche Weise trefft ihr eure Entscheidungen?

Macht noch einen Schritt, nur einen Schritt zur Zeit.

Und macht wieder einen Schritt. Wir alle haben verschiedene Arten, Dinge zu vermeiden. Könnt ihr euch bewußt machen, was ihr bisher vermieden habt? Denkt einen Augenblick darüber nach.

Und macht noch einen Schritt. Tut ihr wirklich das, was ihr wollt, oder tut ihr das, von dem ihr glaubt, daß ihr es tun solltet? Tut ihr etwas, weil es von euch erwartet wird?

Jetzt macht noch einen Schritt.

Und jetzt noch einen Schritt. Ich sehe, daß einige von euch in der Mitte des Raumes herumgehen und andere weit entfernt von der Mitte. Denkt auch darüber eine Zeitlang nach. Bedeutet das irgend etwas für euch?

Macht noch einen Schritt und noch einen Schritt. Fragt euch selbst, wie euch die Schritte gefallen, die ihr gemacht habt. Gibt es andere Schritte, die ihr noch nicht gemacht habt und die euch mehr Befriedigung geben würden?

Macht noch einen Schritt und noch einen. Ich bemerke, daß einige von euch die Initiative ergreifen und daß andere auf solche Initiativen reagieren. Bedeutet diese Beobachtung etwas für euch persönlich? Denkt bitte darüber nach.

Macht noch einen Schritt und noch einen. Registriert nun, wo ihr steht. Wie weit könnt ihr euch verantwortlich fühlen für den Platz, den ihr jetzt eingenommen habt?

Macht noch einen Schritt. Sind die Schritte, die ihr gegangen seid, in irgendeiner Weise stereotyp? Könnt ihr feststellen, daß ihr jeden, den ihr trefft, berührt? Könnt ihr feststellen, daß ihr überhaupt niemanden berührt? Bedeutet diese Frage irgend etwas für euch persönlich?

Jetzt macht noch einen Schritt und noch einen. Jeder von uns ist auf seine Weise verletzlich. Reflektieren eure Schritte diese Tatsache? Bitte denkt darüber nach.

Bitte macht noch einen Schritt. Nun habt ihr noch fünf Schritte bis zum Ende des Rituals, genau fünf. Bitte laßt diese Grenze in euer Bewußtsein einsinken. Bitte denkt darüber nach, was ihr mit den übrigen fünf Schritten am liebsten tun möchtet.

Macht nun den ersten der fünf Schritte... Jemand sagte einmal, daß wir nur uns selbst haben und daß manchmal einer den anderen hat. Das ist möglicherweise nicht viel, aber es ist alles. Glaubt ihr, daß es so ist?

Nun nehmt den zweiten eurer letzten fünf Schritte. Es gibt nur noch drei Schritte für euch. Bitte denkt darüber nach.

Und nun macht euren nächsten Schritt. Ihr habt nur noch zwei Schritte übrig. Vielleicht wollt ihr noch einmal an die bisher gemachten Schritte zurückdenken. Könnt ihr euch zu allen Schritten gratulieren? Könnt ihr sagen, daß ihr die richtigen Schritte gemacht habt?

Und nun macht euren vorletzten Schritt. Ihr habt nur noch einen Schritt übrig. Denkt darüber nach, was ihr damit machen wollt. Bedauert ihr, daß ihr bestimmte Schritte gegangen seid? Bedauert ihr, daß ihr bestimmte Schritte nicht gemacht habt? Mit dem übrigbleibenden Schritt könnt ihr euch jetzt selbst verzeihen, könnt ihr euch vergeben, daß ihr bestimmte Dinge getan oder nicht getan habt.

Und nun macht euren letzten Schritt. Gebt euch die Erlaubnis, diesen Augenblick aufmerksam zu erleben. Wo steht ihr in Beziehung zu den anderen? Wo sind die anderen in Beziehung zu euch selbst? Wo seid ihr in Beziehung zu euch selbst?

Jetzt seid ihr am Ende angekommen, und ich danke euch für eure Bereitschaft, mitzumachen. Vielleicht seid ihr auf wichtige Dinge aufmerksam geworden, Dinge, die sich bewähren, Dinge, die ihr vielleicht in Zukunft anders machen wollt. Gestattet euch, diese Erfahrungen in euch nachwirken zu lassen und seid so großzügig, sie jetzt beiseitezulegen. Wir können später wieder darauf zurückkommen.

(Beenden Sie dieses Ritual mit einem kurzen Blitzlicht.) ■

EHRE DEINE FEHLER

Alter: ab 18 Jahren
Dauer: 90 – 120 Minuten

Dies ist ein Ritual für fortgeschrittene Gruppen mit Teilnehmern, die
daran interessiert sind, sich selbst besser zu verstehen.
Der paradoxe Titel weist darauf hin, daß wir Fehler machen, mit
denen unser Unbewußtes uns belehren, lenken und korrigieren will.
Der Fehler ist dann eine indirekte Möglichkeit, unserem Tagesbewußtsein eine Lektion zu erteilen. Die indirekte Botschaft unserer Fehler ist
natürlich nicht immer so leicht zu erkennen. Wir müssen uns Zeit lassen und uns die Frage vorlegen, ob unser inneres Selbst uns irgend
etwas Wichtiges zu sagen hat.
Das Ritual gibt den Teilnehmern diese Zeit. Gleichzeitig arbeitet es
mit einer sehr schönen Symbolik, die Mut macht und andeutet, daß es
sich lohnt, unseren Schattenseiten mehr Beachtung zu schenken.
Dieses Ritual ist sehr gut für eine Abendsitzung geeignet.
(Sie benötigen eine Kerze und für jeden Teilnehmer eine Schachtel
Streichhölzer, einen Aschenbecher, ein Teelicht, Papier und Bleistift.)

Ich möchte euch zu einem Ritual einladen, mit dem wir die Weisheit
unseres unbewußten Geistes ehren können. Meist verlassen wir uns
auf unser Tagesbewußtsein, das angefüllt ist mit konventionellem
Wissen und den allgemeinen Weisheiten des Lebens. Wir wollen uns
gleich Zeit nehmen, unser Unbewußtes zu konsultieren bei einem
Thema, das für die meisten von uns ziemlich heikel ist. Ich denke an
jene besonderen Handlungen, die wir von Zeit zu Zeit begehen und
die uns erschrecken, ärgern, aufregen, irritieren und die wir dann –
oft nur uns selbst gegenüber – auf folgende Weise kommentieren:
„Das war ein Fehler... Das war leichtsinnig... Wie konntest du nur...
Unverzeihlich...“

Ich hoffe, daß wir alle bei diesem Ritual profitieren und neue Einsichten gewinnen können. Auch unsere Schattenseiten können uns helfen, unser Leben besser zu meistern.

Laßt uns das Ritual mit einem liebevollen Akzent beginnen.

Kniet euch in einem engen Kreis auf den Boden. Legt die Arme um die Hüften eurer Nachbarn. Gleich kann immer ein Gruppenmitglied in die Mitte gehen und sich dort hinstellen. Wir schauen dieses stehende Gruppenmitglied dann alle an und beginnen, mit dem Oberkörper sanft und langsam vor- und zurückzuschwingen. Wenn wir einen gemeinsamen Rhythmus gefunden haben, dann werden wir beim Vorwärtsschwingen dreimal sanft den Namen des Gruppenmitgliedes singen, das in der Mitte steht. Anschließend geht der Teilnehmer aus der Mitte in den Kreis zurück, so daß ein anderer seinen Platz einnehmen kann.

Wir alle haben gelernt, daß es wichtig ist, keine Fehler zu machen. Wir sind dementsprechend beschämt oder ängstlich, wenn wir feststellen müssen, daß wir gegen diese Regel verstoßen und etwas falsch gemacht haben. Wir können versuchen, den klassischen Grundsatz: „Mache keine Fehler." durch eine andere Strategie zu ersetzen, die uns ans Herz legt: „Ehre deine Fehler und ihre verborgene Absicht." Sicherlich entspringen nicht alle unsere Fehler einer solchen verborgenen Absicht, manche Fehler kommen zustande, weil wir nach dem sehr guten Prinzip von Versuch und Irrtum arbeiten, weil wir ungeübt sind, weil wir zu wenig wissen, weil wir zu eilig sind oder einfach müde und erschöpft. Aber es gibt immer wieder Fehler der anderen Art, die eine verborgene Botschaft enthalten, mit denen uns unser Unbewußtes aufmerksam machen möchte, uns belehren möchte, uns vielleicht in eine neue Richtung blicken lassen will. Diese Fehler dürfen wir nicht bedauern, sondern wir sollten dann eine Pause machen und uns fragen, was unser innerstes Selbst uns damit sagen möchte.

Nehmt euch also ein Blatt Papier und notiert alle Fehler aus der letzten Zeit, die euch überrascht haben. (5 Minuten)

Nun legt dieses Blatt an die Seite und denkt weiter über diese Fehler nach. Behandelt sie wie einen geheimen Code, den ihr entziffern könnt, wenn ihr intensiv nachforscht, so daß ihr einige Geheimnisse lüften könnt über eure verborgenen Wünsche. Wenn wir unsere Fehler besser verstehen, können sie Samenkörner werden für eine interessante Zukunft. Unsere Fehler können dann Lehrer oder Mentoren sein, von denen wir etwas Neues lernen. Vielleicht sagen wir: „Hör auf, das und das zu tun! Ändere deine Prioritäten. Benutze dieses Talent. Achte mehr auf diesen tiefen Wunsch. Ändere die Richtung deines Lebensweges..." Und während wir diesen Gedanken nachgehen, werden wir unsere Selbsterforschung in ein schönes Ritual einbetten. Ich werde gleich in der Mitte des Kreises eine Kerze anzünden und die Vorhänge zuziehen, so daß wir in einer relativen Dunkelheit zusammensitzen. Jeder von euch bekommt eine Schachtel Streichhölzer, ein Teelicht und einen Aschenbecher.

Dann kann jeder versuchen, die geheimen Botschaften seiner Fehler zu entziffern, und seinen Gedanken nachgehen, seine Gefühle bemerken, seine Intuition befragen oder ganz einfach abwarten, was ihm ganz von selbst einfällt. Strengt euch dabei bitte nicht an, sondern geht leicht und spielerisch an dieses Thema heran.

Und manchmal werdet ihr dann feststellen, daß ihr eine Entdeckung macht, daß ihr einen neuen Gedanken bekommt, daß ihr die Dinge aus einer neuen Perspektive seht. Vielleicht bemerkt ihr auch, daß euch euer Körper einen Hinweis gibt, vielleicht ein Kribbeln in den Händen oder ein Seufzer, der sich in eurer Brust löst. Vielleicht entdeckt ihr ein Gefühl, das vorher blockiert war, eine Sehnsucht, ein Gefühl der Liebe oder des Zorns. Und immer wenn sich etwas Neues meldet, dann nehmt ein Streichholz aus der Schachtel, entzündet es und haltet es still vor euch hin.

Laßt dieses Streichholz so lange brennen, wie es zur Bedeutung eurer Entdeckung paßt. Bei einer kleinen Entdeckung laßt ihr das Streichholz nur kurz brennen und pustet es dann aus. Bei einer ganz großen Entdeckung laßt ihr es ganz herunterbrennen.

Niemand kann von vornherein wissen, wie oft Streichhölzer angezündet werden. Wir können uns freuen, wenn wir mitbekommen, daß auch die anderen Gruppenmitglieder an diesem inneren Projekt arbeiten und dabei kleine Erfolge haben. Natürlich dürfen wir es auch genießen, wenn wir selbst etwas Neues über unser Leben entdecken.

Bitte sprecht bei diesem Ritual nicht. Ihr könnt die Präsenz der anderen Gruppenmitglieder auch so spüren und später nach diesem Ritual den einen oder anderen Dialog beginnen. Wenn jemand für sich persönlich das Empfinden hat, daß er in seiner Selbsterforschung für den

Augenblick so weit gekommen ist, wie ihm möglich war, dann kann er sein Teelicht nehmen, es an der Kerze anzünden und es in die Mitte stellen. Anschließend bleibt der Betreffende still an seinem Platz sitzen und gönnt sich Ruhe und inneren Frieden.

Und wenn alle unsere Teelichte in der Mitte stehen, dann ist unser Ritual beendet. Folgt eurem eigenen inneren Rhythmus und respektiert bitte, daß jeder von uns unterschiedlich viel Zeit brauchen wird, um zu einem befriedigendem Abschluß für heute zu kommen. ∎

GESTALTUNG UND UMGESTALTUNG

Alter: ab 16 Jahren
Dauer: 60 – 90 Minuten

In diesem künstlerischen Ritual entwickeln die Teilnehmer gemeinsam ein Gedicht, das im Laufe der Zeit immer wieder verändert und umgestaltet werden kann. Wichtige Themen, die in der Gruppenarbeit angeklungen sind, können hier Eingang finden.
Am schönsten ist dieses Ritual für Teilnehmer, die Vergnügen daran haben, sich symbolisch und künstlerisch auszudrücken. Und wer sonst gewohnt ist, vorwiegend allein zu arbeiten, kann hier den seltenen Genuß erleben, spielerisch und leicht mit anderen zu kooperieren.
Zur Vorbereitung der Gruppe beginnen wir dieses Ritual mit einer ausführlichen Einstimmung.
(Für jeden Teilnehmer benötigen Sie 10 bis 20 Kärtchen – im Format von Visitenkarten – und Schreibzeug.)

Setzt euch im Kreis auf den Boden und faßt einander an den Händen. Schließt eure Augen und atmet ein paarmal tief aus. Bemerkt, wie ihr dasitzt und wie ihr atmet. Stellt euch vor, daß euer Atem an alle Stellen eures Körpers geht, die ihr ein wenig entspannen wollt... Laßt beim Ausatmen alle unnötige Anspannung aus euch hinausfließen. Macht es euch am Boden ganz bequem und spürt den Untergrund unter Füßen und Gesäß. Stellt euch vor, daß eure Wirbelsäule von einem Band gehalten wird, das oben aus eurem Kopf herauskommt und an der Decke befestigt ist. Dieses Band hilft euch, ganz gerade zu sitzen – ohne besondere Anspannung. Spürt, wie euch die Luft von allen Seiten wie ein dickes Kissen hält...
Jetzt geht mit eurer Aufmerksamkeit zu euren Händen. Wie fühlen

sich eure Hände an? Stellt euch vor, daß ihr mit eurer linken Hand Energie bekommt, die durch euch hindurchströmt, durch die Schultern in die rechte Hand, dann weiter zu eurem rechten Nachbarn hin, und bemerkt, wie diese Energie im ganzen Kreis herumströmt, von links nach rechts. Spürt, wie ihr selbst ein Teil der ganzen Gruppe seid. Spürt, wie diese Energie auch zu allen jenen Teilen eures Körpers geht, die vielleicht müde sind oder der Heilung bedürfen. Genießt es, daß ihr einander mit kollektiver Energie beschenkt, die euch entspannt, die euch Frische gibt, die euch wohltut...

Könnt ihr irgendwelche Farben, Bilder, Gefühle bemerken, die euch in den Sinn kommen? Genießt es eine Weile, diese Verbundenheit miteinander zu spüren. (1 – 2 Minuten)

Und nun bringt eure Aufmerksamkeit zu euch selbst zurück, laßt die Hände der anderen los und öffnet die Augen. Schaut euch im Kreis um und nehmt Blickkontakt mit all den anderen auf, die hier im Raum sind.

Ich möchte euch jetzt zu einem Ritual einladen, bei dem wir alle gemeinsam an einem Gedicht arbeiten werden. Wir werden dabei nicht sprechen und uns überraschen lassen, wie wir uns auch ohne Worte verständigen können. Das Gedicht wird in der Mitte des Kreises auf dem Boden entstehen. Es soll sieben Zeilen umfassen. Die Zeilen sollen nicht besonders lang sein, und sie müssen sich auch nicht reimen.

Jeder kann sich von den Kärtchen nehmen, die ich mitgebracht habe, und immer ein Wort auf ein Kärtchen schreiben. Dann legt bitte die Kärtchen in der Mitte auf den Boden, so daß man sie als Gedicht lesen kann. Natürlich gibt es verschiedene Möglichkeiten, dieses Gedicht entstehen zu lassen. Vielleicht möchten einige an der ersten Zeile arbeiten, vielleicht möchte jemand an der letzten Zeile arbeiten, aber das Gedicht kann auch aus Fragmenten entstehen, die ihr in jede einzelne Zeile einbringt und die dann allmählich ergänzt werden.

Während unserer gemeinsamen Arbeit an dem Gedicht kann jeder einzelne Worte hinzufügen, austauschen oder an eine andere Stelle legen. Wichtig ist, daß jeder nur kleine Veränderungen vornimmt und sich nicht für das ganze Gedicht verantwortlich fühlt. Auf diese Weise kann das Gedicht langsam Gestalt annehmen. Es bleibt offen für Veränderungen.

Manchmal habt ihr vielleicht Lust, eine kleine Pause einzulegen und das auf euch wirken zu lassen, was ihr gerade lesen könnt. Bitte vermeidet es, euch allzusehr auf das Gedicht zu fixieren. Kommt nur gelegentlich zu dem entstehenden Gedicht in die Mitte, um zu sehen, was sich entwickelt hat, und um etwas hinzuzufügen oder zu verändern. In der übrigen Zeit könnt ihr einfach herumgehen oder euch irgendwo im Raum hinsetzen, um nachzudenken und um vielleicht ein neues Wort aufzuschreiben.

Niemand kann sagen, welche Beziehung er zu diesem kollektiven Gedicht entwickeln wird. Vielleicht entsteht ein Gedicht, das ihr alle intakt lassen wollt, weil ihr das Empfinden habt, daß es so stimmig ist. Vielleicht wollt ihr zum Abschluß all die Worte einsammeln, so daß der Raum in der Mitte des Kreises wieder ganz frei ist. Vielleicht kommt auch ein Fragment dabei heraus, das ihr so reizvoll findet, daß es als Fragment bestehen bleiben soll.

Das Ritual ist dann zu Ende, wenn niemand mehr eine Veränderung vornehmen möchte und alle irgendwo am Boden sitzen. ∎

DINNER FOR TWO

Alter: ab 18 Jahren
Dauer: 60 Minuten

Mit diesem Ritual können Sie eine Gruppe beginnen, ehe die Teilnehmer Gelegenheit hatten, einander kennenzulernen.

Zu diesem Zweck findet die erste gemeinsame Mahlzeit im Gruppenraum statt. Es gibt ein kleines Buffet, und immer zwei Teilnehmer sitzen an einem Tisch, der mit einer Kerze dekoriert ist. Sie essen gemeinsam, unterhalten sich dabei und verpflichten sich, einander nicht die Wahrheit zu sagen. Dann passiert in der Regel etwas sehr Bemerkenswertes: Die Teilnehmer drücken ihre geheimsten Wünsche, Träume und Sehnsüchte aus. Und in diesem Sinne enthüllen ihre Lügen tiefere Wahrheiten, als wenn sie eine „normale" Konversation führen würden, die die bekannten Tatsachen ihres Lebens beinhaltet. Und wenn wir entdecken, daß unsere Lügen mehr über uns sagen als unsere Wahrheiten, dann kann das ein heilsamer Schock sein.

Ich möchte diese Gruppe auf eine besondere Weise beginnen, nämlich mit einem Ritual, das „Dinner for two" heißt. Wir werden hier im Gruppenraum zusammen essen, und immer zwei Gruppenmitglieder setzen sich an einen der Tische. Natürlich sollt ihr euch beim Essen unterhalten. Normalerweise erzählen wir uns dann Einzelheiten aus unserem Leben – in welchem Beruf wir arbeiten, was unsere familiären Umstände sind, mit welchen Problemen wir uns gerade herumschlagen, welche Krisen wir schon gemeistert haben oder welche Veränderungen uns bevorstehen. All dies sollt ihr jetzt nicht tun. Bei diesem „Dinner for two" sollt ihr einander nicht die Wahrheit sagen, sondern alles, was ihr über eure Gegenwart, Vergangenheit und Zukunft mitteilt, soll erfunden sein.

Warum machen wir das? Jeder von uns hat neben seinem gelebten

Leben mindestens ein ungelebtes Leben. Oft liegen in diesem ungelebten Leben die Ansatzpunkte für Veränderungen und Wachstum. Also verpflichtet euch selbst, an keiner Stelle eurer Konversation Tatsachen aus eurem Leben zu berichten.

Wenn ihr nun das Gefühl habt, daß eine Konversation einen vorläufigen Abschluß gefunden hat, dann könnt ihr versuchen, dieses Dinner mit einem anderen Partner fortzusetzen, natürlich nach derselben Spielregel, einander keine Tatsachen und nicht die Wahrheit zu sagen. (Vielleicht müssen Sie der Gruppe etwas behilflich sein, damit von Zeit zu Zeit die Partner gewechselt werden können. Wenn das Dinner ca. 45 Minuten dauert, sollte jeder mit zwei bis drei anderen Gruppenmitgliedern zusammenkommen können.) ■

WERTSCHÄTZUNG

Alter: ab 16 Jahren
Dauer: 60 – 90 Minuten

Wenn Gruppen einige Zeit miteinander gearbeitet haben und ein gewisses Vertrauen entstanden ist, dann ist es gut, wenn wir den Teilnehmern Gelegenheit geben, die freundlichen Empfindungen auszudrücken, die sie füreinander haben. Das ist um so wichtiger, wenn es in Ihrer Gruppe einige Teilnehmer gibt, die sich einsam und isoliert fühlen.
Dieses Ritual eignet sich besonders gut für eine Abendsitzung.
Wir beginnen das Ritual in einer schönen konzentrativen Einstimmung. Dabei betonen wir die Verbundenheit der Teilnehmer mit der Natur, mit den Generationen, miteinander.

Laßt uns diese Sitzung stehend beginnen. Stellt euch im Kreis auf, faßt euch an den Händen und beginnt, tief und aus dem Bauch heraus zu atmen. Steht locker da und spürt, daß eure Füße euch guten Halt auf dem Boden geben. Macht euren Rücken ganz gerade und bewegt die Schultern ein wenig, um die Spannung aus den Schultermuskeln herauszulassen...
Nun stellt euch vor, daß eure Wirbelsäule der Stamm eines Baumes ist, dessen Wurzeln tief hinab in die Erde reichen. Schickt euren Atem ganz tief hinab in diese Wurzeln, und wenn ihr ausatmet, dann stellt euch vor, daß alle Anspannungen und alle Sorgen aus euch hinausfließen und sich in der Luft um euch herum auflösen.
Spürt, wie sich eure Wurzeln mit denen der anderen unter der Erde verbinden, und daß wir alle Kraft aus derselben Quelle ziehen können... Denkt daran, daß auf dieser Erde auch unsere Vorfahren gestanden haben. Die Erde hat all die Generationen getragen, die uns das Leben gegeben haben. Und wenn wir mit unseren Wurzeln die

Kraft der Erde in uns aufsteigen lassen – durch unsere Füße, Beine, in unsere Wirbelsäule bis hinauf in unseren Kopf –, dann sprecht im stillen die Namen eurer Vorfahren, die Namen der Männer und Frauen, die vor euch gelebt haben... (1 Minute)

Nun spürt, wie die Kraft der Erde in euch aufsteigt, bis in euer Herz, und sich von da verzweigt in eure Schultern, Arme und Hände. Spürt, wie diese Kraft aus euren Händen weiterfließt in die Hände der anderen und wie wir uns durch unseren Atem miteinander verbinden. Und während wir zusammen atmen, können wir versuchen, einen gemeinsamen Rhythmus zu finden... einatmen... ausatmen..., um uns noch stärker zusammengehörig zu fühlen... Und nun kann jeder von uns seinen eigenen Namen laut sagen...

Und spürt, wie die Kraft der Erde auch durch euren Hals strömt und oben aus eurem Kopf heraus, wie die Zweige eines Baumes, die sich hoch aufrecken, während andere Zweige unten am Stamm den Boden berühren, so daß sich der Kreis schließt. Und die Zweige sind unsere Kinder und Enkelkinder und die Generationen, die nach uns kommen, und wir spüren, daß sie eng mit uns verbunden sind, daß wir unser Leben weitergeben. Und wir sagen im stillen ihre Namen... (1 Minute)

Nun spürt durch eure Zweige, durch Blätter oder Nadeln, wie die Sonne auf euch scheint, wie der Wind euch bewegt, wie Mond und Sterne ihr Licht auf euch schicken, und wir können die Kraft dieses Lichtes in uns hereinziehen und spüren, wie es sich überall in uns verteilt und hinabsinkt durch den Stamm bis in unsere Wurzeln, bis wir ganz mit Licht gefüllt sind.

Und wir können spüren, wie wir verbunden sind mit dem Boden, miteinander, mit den Generationen vor und nach uns.

Wenn ihr euch gleich auf den Boden setzt, legt die Hände flach auf die Erde und spürt, wie die Energie aus eurem Körper in die Erde fließt, so daß ihr euch ruhig, sicher und behaglich fühlen könnt.

Und nun schaut euch bitte im Kreis um und schaut einander kurz in die Augen. Ihr habt in der gemeinsamen Arbeit eine Menge übereinander erfahren. Ihr wißt mehr von den Stärken und Schwächen eines jeden, ihr habt eine Ahnung, was sich jeder vom Leben wünscht. Laßt uns diese Sitzung benutzen, um die guten Dinge auszudrücken, die wir füreinander empfinden.

Immer ein Gruppenmitglied kann in die Mitte gehen, um sich dort hinzusetzen oder hinzustellen. Wir anderen können diese Situation benutzen, um etwas Freundliches zu sagen: „Ich bin gern in deiner Nähe. Ich sehe dich gern an. Ich schätze deine Kommentare. Ich berühre dich gern..." Das Gruppenmitglied in der Mitte hört sich einfach an, was gesagt wird, und genießt schweigend die Zuwendung, die von der Gruppe kommt. Dann kehrt es an seinen Platz im Kreis zurück und gibt einem anderen Mitglied Gelegenheit, in die Mitte zu gehen und unsere Zuwendung zu empfangen.

Und jeder von uns hat das Recht, in die Mitte zu gehen und die besondere Aufmerksamkeit der Gruppe zu genießen. ■

GEBORGEN SEIN

Alter: ab 18 Jahren
Dauer: 45 – 60 Minuten

Dieses Ritual eignet sich insbesondere für Gruppen, deren Teilnehmer noch nicht besonders miteinander vertraut sind. Im sicheren Rahmen der Paarbeziehung entwickelt das Ritual auf überraschende Weise eine respektvolle Intimität und Vertrauen. Es betont die Verletzlichkeit des einzelnen und den Respekt für das Leben.

Stellt euch bitte im Kreis zusammen hin und gestattet euch ein paar tiefe Atemzüge. Seht euch im Kreis um und bemerkt jedes einzelne Gruppenmitglied...
Nun könnt ihr beginnen, langsam durch den Raum zu gehen. Während ihr anderen Gruppenmitgliedern begegnet, macht euch bitte klar, daß euch einige vertrauter sind, daß ihr andere noch nicht besonders gut kennt und daß einige euch fremd und vielleicht sogar schwer zugänglich erscheinen. Ihr werdet gleich Gelegenheit haben, einander von einer ganz anderen Seite kennenzulernen. Ihr könnt Verständnis füreinander entwickeln und euch dabei von der Weisheit eures Körpers leiten lassen.
Kommt nun immer zu zweit zusammen. Vielleicht wollt ihr jemanden in Betracht ziehen, den ihr gern besser verstehen möchtet. Bleibt dann mit eurem Partner irgendwo stehen...
Entscheidet nun, wer A und wer B sein soll... Partner A soll sich bequem auf den Boden legen. Ihr könnt die Schuhe ausziehen, Brillen ablegen und dann die Augen schließen. Wenn ihr so am Boden liegt, dann spürt euren Atem und stellt euch vor, daß ihr beim Ausatmen etwas von der Anspannung aus euch hinausfließen lassen könnt, die ihr noch in Füßen und Händen, Armen und Beinen, in Rücken und Bauch empfindet. Partner B wird gleich beginnen, ein paar ganz ein-

fache Dinge für euch zu tun, so daß ihr euch immer sicherer, immer entspannter, immer geborgener fühlen könnt. Dazu ist es gut, wenn sich B zu seinem liegenden Partner setzt oder kniet.

Jetzt hebt B ganz sanft die eine Hand und den Arm seines Partners... Spürt das Gewicht des Arms... Bewegt den Arm ganz sanft und bemerkt, welche Bewegungen die Gelenke an Schulter, Ellenbogen und Hand ermöglichen... Betrachtet diesen Arm so aufmerksam, als hättet ihr noch nie einen menschlichen Arm gesehen... Betrachtet ihn, wie das jemand tun würde, der aus einer ganz anderen Welt kommt... Beobachtet das Zusammenspiel von Knochen und Muskulatur... Dreht vorsichtig die Hand so, daß ihr die Innenseite sehen könnt und die Kompliziertheit ihrer Struktur... all die kleinen Muskeln, all die feinen Linien, die dieses Wunder auszeichnen... Was ihr jetzt haltet, ist ein einzigartiges Objekt in unserer Welt. Es ist die Hand eines Menschen auf unserem Planeten... Vor vielen Millionen Jahren war diese Hand eine Flosse, und es hat unvorstellbar lange gedauert, bis sich die menschliche Hand so entwickeln konnte... Spürt die Kraft und Intelligenz dieser Hand – das Ergebnis einer langen evolutionären Reise, so daß diese Hand jetzt ein unvorstellbar geschicktes Werkzeug geworden ist, das schwimmen, halten, klettern, greifen kann... Bemerkt den Daumen, der mit jedem einzelnen Finger kooperieren kann... Bemerkt, wie klug und geschickt diese Hand ist... fähig, ein Werkzeug zu halten, einen Bleistift, aber auch eine Waffe... Macht euch auch klar, wie lange diese Hand schon tätig ist. Seht die Spuren der Zeit und denkt zurück, wie winzig diese Hand bei ihrer Geburt war, wie sie sich öffnete, um die Welt zu erforschen, um die Hand oder das Gesicht von Mutter oder Vater zu ertasten... Irgendwann lernte diese Hand dann, einen Löffel zu halten... Schnürsenkel zu binden... einen Ball zu werfen... ihren Namen zu schreiben... andere zu streicheln... Tränen abzuwischen... Im ganzen weiten Universum gibt es nichts, was mit dieser Hand vergleichbar wäre...

Und nun legt diese Hand sanft auf den Boden und geht weiter zu dem Bein eures Partners auf derselben Körperseite. Hebt dieses Bein langsam an... Spürt sein Gewicht, seine Festigkeit... Denkt daran, daß dieses Bein uns die Fähigkeit gibt, aufrecht zu gehen und zu stehen... Beugt behutsam Knie und Fußgelenk, und bemerkt auch hier das feine Zusammenspiel von Knochen und Muskulatur... Dieses Bein macht es eurem Partner möglich zu gehen, zu laufen, zu klettern... Wenn ihr den Fuß haltet, dann spürt die empfindliche Fußsohle, die es ermöglicht, ganz sensitiv den Kontakt mit der Erde zu empfinden... Berührt zart die Ferse... Denkt daran, daß diese Ferse vor vielen Jahren gegen den Bauch der Mutter trat und ihr mitteilte: „Hallo, dies ist meine Ferse..." Und seitdem ist dieser Fuß unterwegs gewesen. Zuerst mußte er lernen, einen einzelnen Schritt zu machen, dann noch einen... Er hat gelernt, zu gehen, zu straucheln und wieder aufzustehen... Dann hat er gelernt, zu laufen und zu springen, einen Ball zu treten und die Pedale eines Fahrrades... Und dieses Bein hat sicherlich viele Abenteuer erlebt und euren Partner an interessante Plätze getragen, an Strände und auf Berge, zur Arbeit und in Konzerte... Es ist müde geworden... Manchmal hat es wehgetan, und trotzdem hat es immer weitergemacht...

Und nun legt dieses Bein sanft auf den Boden, geht auf die andere Seite und hebt das andere Bein und den anderen Fuß sanft in die Höhe... Betrachtet auch diesen Gefährten des ersten Beines. Das andere Bein hat alle Wege und Reisen mitgemacht, und es wird es auch weiterhin tun... Obgleich es sich schwer und fest anfühlt, so ist es doch verletzlich. Es kann brechen... es hat keinen Panzer... es hat eine Haut, die verletzt werden kann, und Knochen, die splittern können... Und wenn du dieses Bein hältst, dann kannst du nur ahnen, an welche Plätze es deinen Partner in Zukunft tragen wird... an Plätze, wo dein Partner das Leben genießen wird, aber vielleicht auch an Orte, wo er leiden wird, wo es Konflikte gibt und Herausforderungen, von denen dein Partner jetzt noch nichts weiß... Und wenn du dieses Bein jetzt sanft auf den Boden legst, dann laß deine Hände den Wunsch ausdrücken, daß dieses Bein kräftig und heil bleibt, daß es deinem Partner auch weiterhin treu dienen möge...

Und nun hebe sanft Hand und Arm derselben Seite des Körpers an... Bemerke die feinen Unterschiede zu seinem Zwilling auf der anderen Seite... Und auch diese Hand ist einzigartig, und sie unterscheidet sich von allen anderen menschlichen Händen... Wenn du diese Hand in deiner hältst, dann spüre das Leben in ihr und bemerke ihre Verletzlichkeit... Sie hat nichts zu ihrem Schutz um sich herum... Sie ist ein feines Instrument, um unsere Welt kennenzulernen, um andere zu berühren, um aktiv zu werden... eine bewegliche, empfindliche Hand, so leicht zu verletzen... Und vielleicht hoffst du, daß diese Hand heil und ganz bleibt in der Zukunft... für Aufgaben, von denen dein Partner jetzt vielleicht noch nichts weiß... vielleicht, um anderen zu helfen und sie zu trösten, um anderen den Weg zu zeigen... Denke an die Möglichkeit, daß diese Hand dir vielleicht selbst einmal zu trinken gibt oder zu essen oder dir Willkommen sagt oder Adieu... Vielleicht möchtest du Dankbarkeit empfinden, daß es diese Hand gibt... Nun lege sie sanft auf den Boden und geh ein wenig weiter...

Wenn du hinter dem Kopf deines Partners sitzt, lege eine Hand unter seinen Nacken und eine unter seinen Hinterkopf, dann hebe ganz sanft den Kopf deines Partners ein wenig an... Vielleicht kann der liegende Partner einfach zulassen, daß sein Kopf gehalten wird, ohne daß er dabei selbst aktiv ist... Hebe den Kopf ganz vorsichtig an und halte ihn mit einem Gefühl von Ehrfurcht, denn was du jetzt in deinen beiden Händen hältst, ist das Wunderbarste, was es im Universum gibt... der Kopf eines Menschen auf diesem Planeten mit hundert Milliarden feiner Nervenzellen, die darin arbeiten... mit einem ungeheuren Potential an Intelligenz, das es uns ermöglicht, zu sehen, zu wissen, Ziele ins Auge zu fassen und schöpferisch zu sein... Deine Hände halten den Kopf deines Partners, und das war auch die erste Berührung im Leben deines Partners, als er aus dem Geburtskanal in die Hände der Hebamme oder des Arztes kam, so wie er jetzt in deinen Händen liegt. Mach dir klar, daß unter den Schädelknochen eine riesige Welt der Erinnerung, der Erfahrung liegt. Hier ist alles gespeichert, was dein Partner gelernt hat, viele, viele Gedanken und Erinnerungen, viele Geschichten und Lieder, die Bilder von Wäldern und Seen und die Bilder von Gesichtern, die dein Partner geliebt hat, und sicher sind nicht mehr alle am Leben, aber sie sind im Hause dieses Geistes... Diese geistige Welt deines Partners ist absolut einmalig, und sie kann nur teilweise mitgeteilt werden... Denke auch daran, wie viele Träume in diesem Kopf sind, wie viele Wünsche an das Leben, wie viele Hoffnungen und Visionen...

Schließ deine Augen einen Moment und spüre das Gewicht dieses Kopfes in deinen Händen. Es könnte der Kopf deines Freundes sein, deines Vaters oder deiner Mutter, der Kopf eines Kindes oder Enkels von dir, es könnte der Kopf von einem Baby von dir sein...

Und nun öffne die Augen wieder, schau den Kopf an und öffne deine

Intuition für all das, was dieser Kopf in der Zukunft zu tun haben wird... Entscheidungen, die zu treffen sein werden... Mut und Geduld, die gebraucht werden... Laß deine Hände den Wunsch ausdrücken, daß dieser Kopf es gut haben wird... Vielleicht gibt es irgend etwas, was du deinem Partner mit auf seinen Weg geben möchtest – etwas, was er nicht vergessen soll, in schwierigen oder in schönen Zeiten... Und wenn du irgend etwas mitzuteilen hast, kannst du es deinem Partner jetzt leise sagen, während du seinen Kopf sanft auf den Boden legst...

Und nun könnt ihr noch einen Augenblick für euch still auf dem Boden liegen bleiben, euch etwas recken und strecken und dann langsam die Augen wieder öffnen. Seht euch um und richtet euch langsam wieder auf. Vielleicht möchtet ihr ein paar Schritte durch den Raum gehen, ehe ihr die Rollen wechselt.

(Wiederholen Sie dann diese Anweisung hier und da mit anderen Worten.

Anschließend können sich immer vier Teilnehmer zusammensetzen und 5 – 10 Minuten darüber sprechen, was sie erlebt haben.)   ■

IMAGINÄRE GESCHENKE

Alter: ab 18 Jahren
Dauer: 45 – 60 Minuten

Dieses Ritual ist besonders geeignet für Gruppen, deren Teilnehmer einander gut kennen. Sie können sich dabei gegenseitig beschenken, allerdings auf imaginäre Weise. Jeder kann sich fragen: Welche Stärke, welche Qualität habe ich in meiner eigenen Persönlichkeit, die für den Teilnehmer X nützlich sein könnte, wenn ich sie ihm schenken würde? Auf diese Weise verfolgt das Ritual einen doppelten Zweck. Jeder kann sich auf die eigenen Stärken besinnen und kann etwas für die eigene Selbstachtung tun. Andererseits spüren die Gruppenmitglieder die Unterstützung der anderen, die ihre Schwächen verstehen und Sympathie zeigen.
(Sie benötigen für jedes Gruppenmitglied einen kleinen Papierstreifen und Schreibzeug; für die Lose eine kleine Schale; eine Kerze; für jedes Gruppenmitglied ein Teelicht.)

Setzt euch im Kreis zusammen, um die brennende Kerze herum. Schreibt nun zunächst euren Namen auf den Papierstreifen, den ich euch gebe, und faltet ihn zu einem kleinen Los zusammen. (Sammeln Sie dann die Lose in einer Schale ein und lassen Sie die Schale im Kreis herumwandern, damit jeder ein Los ziehen kann. Stellen Sie sicher, daß niemand den eigenen Namen gezogen hat.)
Nun denkt eine Weile darüber nach, was eure eigenen starken Seiten sind. Findet irgendeine Stärke, von der ihr dem Teilnehmer etwas abgeben möchtet, dessen Namen ihr gezogen habt. Vielleicht mögt ihr zunächst über all die Dinge nachdenken, über die ihr verfügt, Dinge, die ihr im Leben gelernt habt, Dinge, die ihr euch erarbeitet habt, oder Talente, die euch vielleicht schon in die Wiege gelegt wurden.
Und ab und zu denkt auch über die Stärken des Partners nach, dessen

Namen ihr gezogen habt. Registriert zunächst all die Dinge, in denen euer Partner kompetent ist und tüchtig. Dann bemerkt die Unterschiede in euren Qualifikationen. Vielleicht kommt ihr dann z. B. zu folgender Einschätzung: „Ich selbst kann sehr leicht auf andere Menschen zugehen und Kontakt aufnehmen. Meinem Partner fällt es weniger leicht, auf andere zuzugehen. Ich könnte mir vorstellen, daß mein Partner den Wunsch hat, das in Zukunft häufiger zu tun. Vielleicht freut er sich, wenn ich ihm etwas von meiner Kontaktfreudigkeit abgebe..."

Laßt euch genügend Zeit, um herauszufinden, was ihr eurem Partner von euch schenken könnt.

Wenn euch etwas eingefallen ist, dann geht in die Mitte, holt euch eins der Teelichte und stellt es vor euch auf den Boden. (Warten Sie ab, bis alle Teilnehmer ein Teelicht vor sich stehen haben.)

Und nun können wir anfangen, unsere unsichtbaren Geschenke zu verteilen. Immer einer zur Zeit geht in die Mitte, entzündet sein Teelicht an der Kerze und geht dann zu dem Teilnehmer, dessen Namen er gezogen hat. Er überreicht dem Partner das brennende Teelicht und erzählt ihm, was er als Geschenk ausgewählt hat. Natürlich könnt ihr auch sagen, ob es leicht oder schwer für euch war, ein passendes Geschenk zu finden. Wenn ihr wollt, könnt ihr auch darüber spekulieren, wie sich dieses Geschenk für euren Partner auswirken wird.

Und mit jedem Geschenk, das verteilt wurde, wird eine neue Flamme im Raum brennen, von Mal zu Mal wird es heller und wärmer, und wir alle können es vielleicht genießen, wenn wir bemerken, wie gut wir einander kennen und wie respektvoll und liebevoll wir miteinander umgehen. ■

NICHT ERZÄHLTE GESCHICHTEN

Alter: ab 18 Jahren
Dauer: 90 – 120 Minuten

In diesem Ritual geht es um „unfinished business". Die Teilnehmer haben die Chance, sich mit den wichtigsten Menschen in ihrem Leben auseinanderzusetzen und ihnen jene Geschichten zu erzählen, die bisher nicht mitgeteilt wurden. Bei dem Ritual wird erst am Schluß gesprochen, trotzdem kann dies eine sehr intensive und erleichternde Erfahrung sein.
(Sie benötigen für jeden Teilnehmer vier Teelichte und eine Schachtel Streichhölzer; in der Mitte des Kreises soll eine brennende Kerze stehen.)

Ich möchte euch zu einem Ritual einladen, bei dem wir wichtige Geschichten erzählen. Wir werden diese Geschichten nur im stillen erzählen und in diesem Fall auch nicht für die Gruppe, sondern für einige der Menschen, die in unserem Leben eine besonders wichtige Rolle gespielt haben oder noch spielen. Es sind Geschichten, die wir diesen Menschen, aus welchen Gründen auch immer, bisher nicht mitgeteilt haben, darum kann es sein, daß wir ein leichtes Zögern spüren werden, diese Geschichten mitzuteilen. Es ist vielleicht erleichternd, wenn ihr wißt, daß auch die anderen Gruppenmitglieder sich mit diesen unerledigten Dingen beschäftigen. Wahrscheinlich werden wir uns am Ende alle leichter, ruhiger und vollständiger fühlen als jetzt.
Holt euch nun jeder vier Teelichte und eine Schachtel Streichhölzer und stellt alles vor euch auf den Boden. Später will ich euch mehr zu den Teelichten sagen. Jetzt möchte ich euch zu einer längeren, geleiteten Phantasie einladen. Manchmal werdet ihr die Augen dabei geschlossen haben, um euch besser konzentrieren zu können, aber von Zeit zu Zeit werdet ihr eure Augen öffnen.

Jetzt kannst du die Augen gleich schließen und ein paarmal tief aus-
atmen. Stell dir irgendein Haus vor, das vielleicht ganz anders ist als
alle anderen Häuser, in denen du bisher gelebt hast. Laß es dein
Traumhaus sein, das perfekt zu dir paßt, zu deinen Wünschen und
Hoffnungen, die du für dein Leben hast... Laß dieses Haus so viele
Räume haben, wie du magst, und richte es ganz nach deinem
Geschmack ein... (20 Sekunden)
Dieses Haus soll einen besonderen Raum haben, der einen separaten
Eingang von draußen hat. Dies ist dein ganz persönlicher Raum, den
niemand betreten darf ohne deine Einladung. Auf den Regalen an den
Wänden stehen Bücher, Fotoalben, Filmbänder, die gefüllt sind mit all
den Geschichten deines Lebens. Mitten im Raum stehen zwei beque-
me Stühle, und weil dies dein Raum ist, hast du vollständige Kontrolle über alles, was hier geschieht. Besucher können nur auf deine Auf-
forderung sprechen, ansonsten müssen sie ganz aufmerksam zuhören,
was du zu sagen hast, ohne daß sie Kommentare abgeben oder sich
verteidigen...
Stell dir vor, daß du auf einem der Stühle sitzt. Du weißt, daß es einige Geschichten in deinem Leben gibt, über die du bisher zu wenig
gesprochen hast. Du bist nun bereit, diese Geschichten zu erzählen...
Jetzt hörst du ein Klopfen an der Tür... Du stehst auf, öffnest und
siehst, daß deine Mutter auf der Schwelle steht. Ganz gleich, ob deine
Mutter noch lebt oder nicht, stell dir vor, daß sie vor dir steht, und
gib ihr das Alter, das dir passend erscheint. Lade sie ein, hereinzukommen und Platz zu nehmen. Setz dich zu ihr auf den Stuhl
gegenüber. Laß dir Zeit, deiner Mutter einen Augenblick in die Augen
zu sehen...
Nun kannst du deiner Mutter Dinge erzählen, die du bis zu diesem
Augenblick nicht ausdrücken konntest. Von all den Geschichten in
deinem Leben kannst du die auswählen, von denen sie wissen soll.
Achte darauf, daß du deiner Mutter sagst, was diese Geschichten für
dich bedeutet haben. Deine Mutter wird sehr aufmerksam zuhören,
aber sie wird nichts dazu sagen, denn dies ist dein privater Raum,
und sie weiß, daß sie hierhergekommen ist, um deine Geschichten zu
hören. Und wenn du fertig bist, kannst du ihr danken, daß sie dir
zugehört hat. (2 – 3 Minuten)
Jetzt kannst du deine Mutter einladen, dir von Dingen zu erzählen,

über die du gern etwas wissen möchtest. Stell dir vor, daß sie von diesen Dingen spricht, auch wenn das im wirklichen Leben ganz ungewöhnlich wäre. Welche nicht erzählten Geschichten hättest du in deinem Leben gern von deiner Mutter gehört? Stell dir vor, daß sie jetzt darüber spricht. (2 – 3 Minuten)

Wenn du noch mehr über deine Mutter wissen möchtest, dann frag sie jetzt und höre, wie sie bereitwillig antwortet. Höre ihre Stimme. (1 – 2 Minuten)

Wenn das Wichtigste zwischen euch gesagt ist, dann kannst du ihr für diese Unterhaltung danken und dich von ihr verabschieden, und wenn du jetzt das Gefühl hast, daß beim Erzählen dieser Geschichten etwas Wichtiges geschehen ist, dann darfst du ein Teelicht anzünden. Die Flamme mag ein Symbol dafür sein, daß du etwas Licht in dein Herz gebracht hast. Dann kannst du die Augen wieder schließen.

Stell dir nun vor, daß es wieder an die Tür klopft. Du stehst auf und öffnest. Nun steht dein Vater vor dir. Gib ihm das Alter, das dir im Augenblick passend erscheint. Lade ihn ein, hereinzukommen und Platz zu nehmen. Setz dich selbst auf den gegenüberstehenden Stuhl. Schau deinem Vater aufmerksam in die Augen...

Und nun kannst du deinem Vater all die Dinge erzählen, die du bis zu diesem Augenblick niemals ausdrücken konntest. Von all den Geschichten deines Lebens kannst du etwas auswählen, das ihn vor allem betrifft. Denke auch daran, daß du ihm mitteilst, was diese Dinge für dich bedeuten. Laß deinen Vater ganz aufmerksam zuhören, ohne dich zu unterbrechen. Dies ist dein Zimmer, und er soll dir zuhören, ohne Kommentar, ohne Rechtfertigung. Wenn du zu Ende gesprochen hast, dann danke ihm, daß er dir zugehört hat. (2 – 3 Minuten)

Nun kannst du deinen Vater auffordern, dir die Dinge zu erzählen, die dich selbst interessieren. Laß ihn von den Geschichten seines Lebens jene Dinge erzählen, über die er nie zu dir gesprochen hat. Stell dir vor, daß er über diese Themen spricht, auch wenn das ganz ungewöhnlich für ihn ist. Welche nie erzählten Geschichten soll dein Vater dir erzählen? Stell dir vor, daß er sich jetzt für dich öffnet und zu dir spricht. (2 – 3 Minuten)

Und wenn du noch mehr über deinen Vater wissen möchtest, dann

kannst du ihn jetzt fragen und erleben, daß er sich freut, sich dir mitteilen zu können. Höre die Stimme deines Vaters. Wenn er zu Ende gesprochen hat, kannst du ihm für seine Bereitschaft danken, dich von ihm verabschieden und ihn zur Tür begleiten. (1 – 2 Minuten)
Wenn du jetzt empfindest, daß auch diese Unterhaltung mehr Licht in dein Herz gebracht hat, kannst du das zweite Teelicht anzünden.

Sei wieder in deinem besonderen Raum und schließ die Augen. Höre wieder ein Klopfen. Wenn du die Tür öffnest, siehst du, daß dein Partner auf der Schwelle steht. Vielleicht ist es der Mensch, mit dem du jetzt zusammenlebst, vielleicht ist es ein Partner, mit dem du nicht mehr zusammenlebst. Laß deinen Partner hereinkommen und Platz nehmen. Setz dich ihm gegenüber und schau diesem Menschen in die Augen...
Nun kannst du deinem Partner all die Dinge erzählen, die du bisher nicht ausdrücken konntest. Von all den Geschichten deines Lebens kannst du die auswählen, die wichtig für eure Beziehung waren, du kannst sagen, was sie für dich bedeuten. Laß deinen Partner ganz aufmerksam und schweigend zuhören. Wenn du fertig bist, kannst du dich für das Zuhören bedanken. (2 – 3 Minuten)
Und nun kannst du deinen Partner einladen, über die Dinge zu sprechen, zu denen du schon immer etwas hören wolltest. Welche Geschichten möchtest du von deinem Partner hören? Stell dir vor, daß dein Partner jetzt darüber spricht. (2 – 3 Minuten)
Wenn du sonst noch etwas von deinem Partner hören möchtest, dann kannst du jetzt fragen, und er oder sie wird sich dir mitteilen. Wenn das Wichtigste gesagt ist, kannst du dich bedanken und Abschied nehmen und deinen Partner zur Tür begleiten. (1 – 2 Minuten)
Und wenn es in deinem Herzen auch bei dieser Begegnung etwas heller geworden ist, kannst du das dritte Teelicht anzünden.

Und nun kannst du dich auf den letzten Besuch einstellen. Schließ die Augen und höre, daß es wieder an die Tür klopft. Wenn du diesmal die Tür öffnest, dann steht Gott vor der Tür. Wie immer du Gott verstehst, gib ihm oder ihr eine passende symbolische Form und lade Gott ein, zu dir hereinzukommen. Jetzt hast du die Gelegenheit, Gott deine tiefsten Gefühle und Gedanken mitzuteilen. Spüre, wie Gott geduldig und verständnisvoll jedem deiner Worte lauscht. Berichte Gott von den Zeiten, wo du dich verlassen, im Stich gelassen und allein fühltest...

Berichte auch von den Ereignissen, bei denen du vielleicht zornig und wütend warst...

Wenn du willst, kannst du Gott auch von all den Zeiten erzählen, wo du dich geborgen und geliebt fühltest, und du kannst Gott dafür danken.

Wenn du willst, kannst du Gott bitten, daß er dir sagt, wie sehr er dich liebt...

Und wenn alles gesagt ist, dann kannst du Gott danken, dich von ihm verabschieden und ihn zur Tür begleiten.

Und auch jetzt frage dich bitte, ob es in deinem Herzen noch etwas heller geworden ist. Wenn das der Fall ist, kannst du das vierte Teelicht anzünden.

Nun laß dir ein wenig Zeit, um zu spüren, wie du dich jetzt fühlst, nachdem alle diese Geschichten und Gefühle mitgeteilt worden sind.

Vielleicht möchtest du später etwas von deinen Gedanken aufschreiben. Vielleicht möchtest du diesen unerledigten Dingen noch weiter nachgehen, und wenn die beteiligten Menschen noch leben, kannst du dir überlegen, was du mit ihnen besprechen möchtest.

Vielleicht hast du den Eindruck, daß du einige Dinge jetzt abgeschlossen hast und daß du freier und hoffnungsvoller in die Zukunft blicken kannst.

Ich möchte, daß zum Schluß dieses Rituals jeder in ein paar Worten mitteilt, was ihm durch den Sinn geht. Jeder, der gesprochen hat, soll seine Teelichte in die Mitte der Gruppe stellen zu der dort brennenden Kerze. Wenn alle Teelichte in der Mitte stehen, dann ist dieses Ritual beendet. ■

STEINPYRAMIDE

Alter: ab 18 Jahren
Dauer: 60 – 90 Minuten

Dieses Ritual stärkt das Selbstwertgefühl der Teilnehmer und die Gruppenkohäsion. Es ist besonders interessant für gemischte Gruppen. Es gibt den Männern Gelegenheit, mehr über Rollenmodelle und Werte der Frauen zu erfahren. Andererseits können die Frauen die Männer besser verstehen, wenn sie wissen, welche Figuren den Männern als Vorbild gedient haben.
Sie benötigen eine Menge unterschiedlich großer Kieselsteine. Die Steine sollen außerhalb des Kreises in einer Ecke des Raumes bereitliegen.

∿∿∿∿∿∿∿∿

Ich möchte euch zu einem Ritual einladen, bei dem jeder von uns über einen wichtigen Helden bzw. über eine wichtige Heldin sprechen kann, die es in seinem bzw. ihrem Leben gegeben hat. Am interessantesten ist es vielleicht, wenn ihr an jemanden denkt, der im Augenblick für euch ein wichtiges Vorbild ist, zu dem ihr aufschauen könnt, weil ihr z. B. sagt: „Dieser Mensch verkörpert etwas, was auch für mich wichtig ist. Ich möchte selbst mehr von den Qualitäten dieser Person haben. Diese Person gibt meinem Leben Inspiration und Energie."
Die Person kann aus allen Bereichen des Lebens kommen: aus der Geschichte, aus der Politik, aus der Literatur, aus der Mythologie. Aber es kann auch jemand sein, den ihr persönlich kennt und der gar nicht prominent ist. Wichtig ist, daß dieser Mensch für euch selbst ein wichtiges Modell ist.
Nacheinander soll jeder von uns einen wichtigen Helden vorstellen. Die Männer einen männlichen Helden, die Frauen eine Heldin. Gemeinsam werden wir im Laufe des Rituals unsere Helden ehren. Wir werden nämlich in der Mitte des Kreises eine Steinpyramide auf-

schichten. Wer immer uns seinen Helden vorstellen will, kann sich aus all den Steinen, die bereitliegen, einen Kiesel auswählen, der zu dem betreffenden Helden paßt. Dieser Kiesel wird dann in die Mitte des Kreises gelegt, und später kommen dann andere Kiesel dazu. Wir werden versuchen, die Kiesel so anzuordnen, daß daraus langsam eine Steinpyramide wird und ein Symbol für die große Bedeutung, die unsere Vorbilder für uns haben.

Und wer immer seinen Kiesel hält, hat Anspruch auf unsere volle Aufmerksamkeit. Wir werden keine Fragen stellen oder Bemerkungen machen, sondern schweigend zuhören. Wenn der Betreffende gesprochen hat, legt er seinen Kieselstein in die Mitte und kehrt an seinen Platz zurück. Dann kommt sein rechter Nachbar an die Reihe.

Nun kann mein rechter Nachbar/meine rechte Nachbarin den Anfang machen: Hol dir einen Kieselstein und halte ihn beim Sprechen in den Händen. Du kannst uns alles erzählen, was du über deinen Helden/ deine Heldin weißt. Sag uns bitte auch, was dieser Held/diese Heldin für dich ganz persönlich bedeutet...

(Wenn die Gruppe länger zusammen ist, dann sollte die Steinpyramide nicht einfach abgebaut werden, sondern einen Platz finden, wo sie zumindest für die Dauer der Gruppe bleiben kann – am besten im Freien vor dem Haus.

Wenn die Gruppe irgendwo auf dem Lande stattfindet, können die Teilnehmer selbst das Ritual vorbereiten, indem jeder ein paar interessante Steine ganz unterschiedlicher Größe sammelt und in den Gruppenraum bringt. Fordern Sie die Teilnehmer auf, Steine zu sammeln, die sie faszinieren.) ■

HOFFNUNGEN

Alter: ab 16 Jahren
Dauer: 30 Minuten

Dies ist ein schönes Gruppenritual für den Anfang einer Gruppe. Ein guter Zeitpunkt ist das Ende der ersten oder der Anfang der zweiten Sitzung. Es gibt den Teilnehmern Gelegenheit, über ihre wichtigsten Hoffnungen und Erwartungen nachzudenken, die sie mit ihrer Teilnahme an der Gruppe verbinden. Sie werden aufgefordert, sich vorzustellen, daß diese Wünsche in Erfüllung gehen. Jeder macht einen Knoten in die Kordel, der diesen Wunsch symbolisiert. Am Ende des Rituals wird diese Kordel als eine Art Gruppentotem im Raum aufgehängt.
(Sie benötigen eine farbige Kordel, 2 – 3 m lang.)

Setzt euch im Kreis zusammen zu einem kleinen Ritual. Am Anfang einer Gruppe hat jeder von uns Wünsche an die Entwicklung der Gruppe. Wir werden gleich schweigend zusammensitzen und dieses Stück Kordel herumgeben. Denkt darüber nach, was ihr euch vor allem von dieser Gruppe wünscht. Das können ganz verschiedene Wünsche sein. Vielleicht habt ihr die Hoffnung, daß ihr hier geduldige Zuhörer findet, daß ihr hier etwas ausprobieren könnt, wozu ihr im Alltag wenig Gelegenheit habt, vielleicht wollt ihr etwas Bestimmtes lernen oder ihr möchtet einfach einen guten Freund finden. Wenn ihr die Kordel in Händen haltet, dann bemerkt, daß sie lang genug ist, um Platz für viele Knoten zu bieten, mit denen wir unsere Hoffnungen symbolisieren können.
Ich werde jetzt schweigen, damit wir die Kordel einmal im Kreis herumwandern lassen können, um uns mit ihr vertraut zu machen.
Wer in der zweiten Runde die Kordel in Händen hält, soll sich auf seinen wichtigsten Wunsch, den er an die Gruppe hat, konzentrieren.

Dann macht einen Knoten in die Kordel, und während ihr das tut, könnt ihr euren Wunsch in ein Ergebnis umwandeln. Wenn ihr z. B. den Wunsch habt: „Ich hoffe, daß ich hier einen guten Freund finde", dann macht im stillen daraus: „Ich habe hier einen guten Freund gefunden." Stellt euch gleichzeitig vor, wie ihr dieses Ergebnis genießen könnt.

Die Kordel soll nach rechts im Kreis herumwandern, und mein rechter Nachbar wird den ersten Knoten am Anfang der Kordel machen und sich diesen Knoten gut merken. In dieser ersten Runde werden wir schweigen und nur über unsere Wünsche und über die Erfüllung dieser Wünsche und Hoffnungen meditieren.

(Wenn die Kordel bei Ihnen angekommen ist, machen Sie ebenfalls Ihren Wunschknoten und leiten Sie die dritte Runde ein:)

Nun soll die Kordel ein drittes Mal im Kreis herumgehen. Diesmal werden wir folgendes tun: Jeder, der die Kordel hält, soll seinen Wunschknoten berühren und dabei der Gruppe leise seinen in Erfüllung gegangenen Wunsch mitteilen, also z. B.: „Ich habe hier einen guten Freund gefunden." Die Gruppe kann auf diese Mitteilung reagieren und gemeinsam leise antworten: „Ja, so soll es sein." Wenn jemand sich dafür entscheidet, daß er seinen Wunsch lieber noch für sich behält, dann muß er den Wunsch nicht aussprechen. Er berührt dann einfach seinen persönlichen Knoten und sagt seine Worte im stillen.

(Suchen Sie anschließend gemeinsam mit der Gruppe einen passenden Platz für diese Wunschkordel im Gruppenraum aus. Es ist eine schöne Idee, am Ende der Gruppe die Wunschkordel noch einmal zu benutzen. Dabei wird die Kordel herumgegeben, und jeder schneidet sich das Stück Kordel mit seinem Knoten ab. Der Betreffende kann dann mitteilen, ob seine Affirmation tatsächlich in Erfüllung gegangen ist und ob er den Knoten jetzt lösen möchte. Jeder kann dieses Stück Kordel zur Erinnerung mit nach Hause nehmen.) ■

CHIFFRIERTE BOTSCHAFT

Alter: ab 18 Jahren
Dauer: 60 – 90 Minuten

Dies ist ein schönes Ritual für eine kleinere Gruppe mit 8 – 12 Teilnehmern. Es eignet sich besonders für die Abendsitzung und bringt die Intuition der Teilnehmer auf eine interessante Weise ins Spiel. Jeder bekommt von den anderen Teilnehmern ein Wort geschenkt und versucht anschließend, aus diesen geschenkten Wörtern eine wichtige Botschaft an sich selbst zu formulieren.
(Sie benötigen für jeden Teilnehmer so viele Blanko-Kärtchen, wie es Teilnehmer in der Gruppe gibt, außerdem Schreibzeug.)

〰〰〰〰〰

Im Leben stehen wir immer wieder vor der Aufgabe, Ereignisse, die auf den ersten Blick zusammenhanglos erscheinen, zu deuten und ihnen einen Sinn zu geben. Dazu brauchen wir unsere Intuition, und wir sind gut dran, wenn wir genug Vertrauen in unsere Intuition haben.
Ich möchte euch zu einem Ritual einladen, bei dem wir dies gemeinsam üben können. Ich werde jedem von euch einen Stapel mit Kärtchen geben. Es handelt sich um genauso viele Kärtchen, wie wir Teilnehmer in der Gruppe haben. Schreibt bitte auf jedes Kärtchen ein Wort.
Wählt Wörter aus, die euch faszinieren, die für euch reizvoll sind, die euch etwas bedeuten. Laßt es Wörter sein, die euch inspirieren, und laßt es Wörter sein, die euch herausfordern, Wörter, die euch beruhigen, Wörter, die euch motivieren, Wörter, die euch wachrütteln. Und denkt daran, immer nur ein Wort auf ein Kärtchen zu schreiben.
Ihr könnt euch für die Auswahl dieser Wörter Zeit lassen. Vielleicht werdet ihr bemerken, daß diese Wörter aus verschiedenen Epochen eures Lebens stammen, vielleicht fallen euch Wörter ein, die schon

sehr lange große Bedeutung für euch haben. Genauso gut kann es sein, daß euch Wörter einfallen, die erst in der gegenwärtigen Lebensphase große Bedeutung für euch erlangt haben.

Wenn ihr alle Kärtchen beschriftet habt, dann legt sie in einem Stapel vor euch auf den Boden, die Schriftseite nach unten. Bitte sprecht nicht miteinander und wartet still ab, bis alle diesen Schritt vollzogen haben...

Nun nehmt die Kärtchen wie ein Kartenspiel in die Hand und mischt sie. Mein rechter Nachbar soll beginnen, seine Kärtchen zu verteilen. Geh im Kreis herum und leg vor jedem, und auch an deinem Platz, ein Kärtchen auf den Boden, mit der Schriftseite nach unten. Nun kannst du dich wieder hinsetzen und dein rechter Nachbar macht dasselbe. Er mischt seine Kärtchen und verteilt sie. Am Ende hat jedes Gruppenmitglied ein Wort von sich selbst und jeweils ein Wort von jedem anderen Teilnehmer.

(Warten Sie ab, bis alle Kärtchen verteilt sind. Dann können Sie den wichtigsten Teil des Rituals erklären:)

Nun könnt ihr eure Kärtchen aufdecken und lesen, welche Wörter ihr bekommen habt. Legt die Kärtchen vor euch auf den Boden und laßt all die Wörter auf euch wirken. Stellt euch vor, daß diese Wörter Teile einer chiffrierten Botschaft sind, die irgendein weises Wesen euch gesandt hat. Die ursprüngliche Botschaft ist, aus welchen Gründen auch immer, in verschiedene Bestandteile aufgeteilt worden, und es ist eure Aufgabe, die ursprüngliche Botschaft wieder herzustellen. Versucht, aus allen Wörtern eine zusammenhängende Botschaft zu formen. Ihr könnt die Kärtchen hin- und herschieben und mit ihnen experimentieren. Macht daraus eine Botschaft an euch, die für euch positiv ist, bei der ihr ein gutes Gefühl habt. Vielleicht wird die Botschaft euch etwas sagen, das ihr schon geahnt habt, vielleicht wird sie etwas zuspitzen, vielleicht wird sie euch auch etwas Überraschendes mitteilen. Wenn ihr glaubt, daß ihr die Botschaft richtig zusammengesetzt habt, dann könnt ihr sie auf ein Blatt Papier schreiben. Ihr könnt zu diesem Zweck auch zusätzliche Wörter benutzen, aber seid sparsam in ihrem Gebrauch. Wenn ihr die Botschaft formuliert habt, könnt ihr die Kärtchen wieder in einem Stapel zusammenlegen. Wartet dann ab, bis alle mit dieser Aufgabe fertig sind, und nutzt die

Zeit, um euch mit eurer Botschaft zu befassen und etwas darüber zu meditieren.

(Warten Sie ab, bis alle Teilnehmer mit diesem Schritt fertig sind.)

Und nun möchte ich, daß einer nach dem anderen uns seine Botschaft vorliest. Gebt keine Erklärungen dazu ab, sondern lest nur den Text vor, den ihr notiert habt. Wenn ihr wollt, wird die Gruppe euer Echo sein. Jeder kann sich wünschen, daß die ganze Gruppe seine Botschaft wiederholt – einmal, zweimal oder dreimal. Jeder kann sich auch wünschen, auf welche Weise die Gruppe seinen Text wiederholen soll – flüsternd, laut, heiter oder ernst.

Wir können es in derselben Reihenfolge machen wie vorher, indem mein rechter Nachbar beginnt. Ich selbst werde der letzte sein, der seine Botschaft vorliest, und damit wird dieses Ritual beendet sein. ■

ARCHE NOAH

Alter: ab 16 Jahren
Dauer: 60 – 90 Minuten

Das Arche-Noah-Ritual benutzt die symbolische Kraft der Tiere, um den Teilnehmern Gelegenheit zu geben, sich selbst besser zu verstehen. Gleichzeitig unterstreicht es unsere Einbettung in die Natur und in das Leben überhaupt.
Sie benötigen die Feder irgendeines Vogels.

∿∿∿∿∿∿

Manchmal nehmen wir uns zu wichtig, persönlich und als Spezies. Darum möchte ich euch zu einem Ritual einladen, das uns allen eine gewisse Bescheidenheit nahelegt und bei dem wir erleben können, daß jeder von uns eingebunden ist in das weite Netz des Lebens.
Setzt euch im Kreis zusammen und schließt die Augen. Atmet dreimal tief aus...
Nun stell dir vor, daß du in einem dunklen Raum bist. Am anderen Ende dieses Raumes befindet sich eine dunkle Kinoleinwand. Allmählich wird diese Leinwand heller, und während die Leinwand heller und heller wird, kannst du das Bild irgendeines Tieres entdecken... Betrachte dieses Bild sorgsam. Was für ein Tier ist das?... Welche Haltung zeigt das Tier und welche Stimmung?... Was tut dieses Tier gerade?... Kannst du irgend etwas Besonderes oder Ungewöhnliches an diesem Tier entdecken?... Betrachte das Tier ganz aufmerksam und bemerke immer mehr Einzelheiten. Geh näher heran und finde noch mehr über dieses Tier heraus...
Nun kannst du dich mit diesem Tier identifizieren. Wie ist dein Leben, wenn du dieses Tier bist?... Beschreibe dich im stillen als dieses Tier und sage unhörbar zu dir selbst Sätze wie z. B.: „Ich bin sehr groß und schwer. Ich habe eine faltige, sehr zähe Haut..."
Wie fühlst du dich körperlich, wenn du dieses Tier bist?... Schau dich

um und entdecke mehr über deine Umgebung. Was tust du in dieser Umgebung?...

Laß deine Augen weiter geschlossen und nimm an deinem Platz die körperliche Haltung dieses Tieres ein. Wenn du dieses Tier sein könntest, welche Haltung würdest du dann einnehmen?... Wie fühlst du dich als dieses Tier?... Was willst du tun?...

Bleib weiter an deinem Platz und mach ein paar typische Bewegungen, die dein Tier machen würde. Bemerke, wie du dich als dieses Tier fühlst... Wie ist dein Leben als dieses Tier?...

Nun kannst du anfangen, leise Geräusche zu machen, die zu diesem Tier passen. Wie spricht dieses Tier?...

Und nun mach beides gleichzeitig, mach deine Bewegungen und leise Töne...

Nun kannst du dich ruhig wieder hinsetzen und deine Augen öffnen. Bleib einen Augenblick still sitzen, betrachte deine Existenz als Tier und deine Existenz als Mensch. Was kannst du in dieser Erfahrung entdecken?... Gibt es irgendeinen Zusammenhang zwischen deiner Lebenssituation, der Stimmung, die du mitgebracht hast, und dem Leben dieses Tieres?... (2 – 3 Minuten)

Wir können gleich diese Feder im Kreis herumgeben. Und wer immer die Feder hält, kann uns erzählen, welches Tier ihm eingefallen ist und vielleicht auch, warum. Er kann sagen, wie er sich als dieses Tier gefühlt hat, was ihn fasziniert und beunruhigt hat, inwieweit ihm das Tier ähnlich ist oder sich von ihm unterscheidet. Mein rechter Nachbar kann anfangen.

(Die Feder wandert von Teilnehmer zu Teilnehmer, und nur derjenige, der die Feder hält, spricht. Alle anderen hören schweigend zu.

Wenn die Feder einmal im Kreis herumgegangen ist, können Sie den nächsten Teil mit freiem Rollenspiel einleiten.)

Kommt nun immer in kleinen Gruppen mit fünf bis sechs Teilnehmern zusammen und schließt die Augen. Werdet wieder euer Tier. Nehmt eine Haltung ein, die zu eurem Tier paßt, und fangt wieder an, Bewegungen und Geräusche zu machen, die für dieses Tier typisch sind.

Nun öffnet die Augen und nehmt Beziehungen auf zu den anderen Tieren in eurer Gruppe. Wie begegnet ihr den anderen Tieren? Was wollt ihr von ihnen? Wie reagiert ihr auf das Verhalten der anderen Tiere?... (2 – 3 Minuten)

Stoppt jetzt und setzt euch zurück in den Kreis. Bleibt still sitzen und denkt über diese Erfahrung nach. Macht euch klar, wie weit ihr als Tier etwas von eurer Persönlichkeit ausgedrückt habt. Was sagt euer Tier über euren Stil, wie ihr als Menschen Kontakt aufnehmt, wie ihr euch zurückzieht, wie ihr liebevoll oder aggressiv seid, mutig oder schüchtern... (1 – 2 Minuten)

Und nun schließt noch einmal eure Augen und seid in eurer Vorstellung wieder dieses Tier...

Stell dir vor, daß du als dieses Tier in irgendeiner Art „Käfig" bist, der dich umgibt. Finde heraus, was das für eine Art „Käfig" ist. Woraus ist der Käfig gemacht?... Berühre den Käfig und finde heraus, wie stark die Wände sind. Gibt es irgendeine Möglichkeit, da rauszukommen?... Wie fühlst du dich in dem Käfig?... Und was ist draußen, um den Käfig herum?... Was könntest du da draußen tun?... Nun stell dir vor, daß du als Tier mit dem Käfig sprechen könntest. Was sagst du dem Käfig und was antwortet er dir?... Unterhalte dich eine Weile mit dem Käfig...

Und damit du mehr über den Käfig lernst, kannst du dich eine Weile mit dem Käfig identifizieren. Sei der Käfig und betrachte das Tier, unterhalte dich mit dem Tier...

Nun sei wieder das Tier und finde irgendeinen Weg, um aus dem Käfig zu entkommen. Wie kommst du aus dem Käfig heraus?... Wenn du draußen bist, erkunde die Umgebung des Käfigs. Wie fühlst du dich dabei? Was kannst du in der Freiheit tun? Was geschieht mit dir?...

Von draußen kannst du dich noch einmal mit dem Käfig unterhalten. Was willst du aus dieser neuen Position deinem Käfig mitteilen?...

Jetzt kannst du entscheiden, ob du lieber draußen bist vor dem Käfig oder im Innern des Käfigs. Du kannst dich von deinem Käfig verabschieden und dich bei ihm bedanken für das, was du von ihm lernen konntest.

Sei wieder du selbst und verabschiede dich auch von dem Tier, mit dem du dich identifiziert hast. Danke deinem Tier, daß es sich dir gezeigt hat. Danke ihm für alles, was du von ihm lernen konntest.

In einer Minute kannst du deine Augen wieder öffnen und mit deiner

Aufmerksamkeit zur Gruppe zurückkommen... (1 Minute)
Wir werden gleich wieder die Feder herumgeben, und jeder kann uns von seinen Erfahrungen berichten, jeder kann uns mitteilen, ob die Konfrontation mit dem Käfig irgend etwas Wichtiges über sein Leben und seine Einschränkungen sagt oder über seine Fähigkeit, Einschränkungen und Grenzen zu überschreiten. Vielleicht wollt ihr auch darüber sprechen, was ihr insgesamt von eurem Tier gelernt habt. Hat euer Tier irgendeine wichtige Erkenntnis gebracht, die euer Leben bereichert?...
(Nach dieser Runde können Sie das Ritual abschließen oder, wenn Sie genügend Zeit haben, eine vierte Runde eröffnen. Dann können die Teilnehmer Tiergeschichten erzählen. Fast jeder hat wichtige Erlebnisse mit Tieren gehabt, mit wirklichen oder fiktiven, und dann kann dies eine Gelegenheit sein, um das Gedenken an diese wichtigen Tiere zu ehren.) ■

ENERGIE ÜBERTRAGEN

Alter: ab 16 Jahren
Dauer: 20 – 30 Minuten

Bei diesem Ritual steht ein Gruppenmitglied im Mittelpunkt der Aufmerksamkeit der Gruppe. Das kann ein Teilnehmer sein, der gerade eine schwere Zeit durchmacht, der sich müde oder krank fühlt. Die übrigen Gruppenmitglieder berühren den „Empfänger" mit ihren Händen und stellen sich dabei vor, daß sie die eigene Energie in den Körper des Empfängers hineinfließen lassen.
Auch für die „gebenden" Gruppenmitglieder ist dieses Ritual eine sehr konstruktive, heilsame Erfahrung.
Für dieses Ritual ist es am besten, wenn die Gruppe 8 – 12 Teilnehmer hat.

(Claudia), leg dich auf deinen Rücken mitten im Kreis, die Beine parallel auf dem Boden, die Hände ebenfalls an der Seite deines Körpers auf dem Boden. Laß deinen Körper ganz locker werden und ein wenig in den Boden einsinken... Spüre alle Teile deines Körpers: Rücken, Beine, Arme und Kopf... Wenn du einatmest, kannst du dir vorstellen, daß du in alle Teile deines Körpers hineinatmest und sie alle angenehm anwärmst. Wenn du wieder ausatmest, kannst du dir vorstellen, daß du Unruhe, Anspannung oder Ablenkung mit deinem Atem aus dir hinausfließen läßt...
Jetzt können sich alle Gruppenmitglieder um (Claudia) versammeln und sich auf den Boden setzen oder knien. (Claudia) wird euch sagen, auf welche Teile ihres Körpers ihr eure Hände legen sollt... Gibt es irgendwelche Stellen, die besonders viel Aufmerksamkeit und Energie brauchen?... Wie fühlt sich das jetzt für dich an?... Gibt es noch irgend etwas, was dich stört oder irritiert?... Wenn jetzt alles für dich in Ordnung ist, können wir anfangen.
(Claudia), schließ deine Augen. Und auch alle anderen sollen jetzt die

Augen schließen. Bemerkt euren Atem und die Energie, die ihr beim Einatmen in euch aufnehmt...

Laßt die Energie eures Atems in eure Hände strömen, so daß sie von dort weiterfließen kann durch (Claudia) hindurch, weiter zu den anderen Gruppenmitgliedern, bis sie zu euch zurückkommt. Stellt euch vor, spürt und wißt, daß ihr mit jedem Atemzug (Claudia) heilende Energie schickt und daß sie diese Energie zu ihrem eigenen Besten benutzen kann. Jedesmal, wenn euer eigenes Herz schlägt, könnt ihr euch vorstellen, daß die Kraft eures Herzens (Claudia) hilft, ihren Körper zu heilen. Ihr Körper kann sich von Giftstoffen und alten, abgestorbenen Zellen reinigen, und neue, gesunde Zellen können sich bilden. Stellt euch nun vor, daß frisches Blut in (Claudias) Adern strömt. Dieses frische Blut versorgt alle wichtigen Organe mit Nährstoffen und Sauerstoff. Stellt euch vor, daß alle alten Ballaststoffe entfernt werden... Spürt, daß ihr alle starke und gesunde Körper habt und daß ihr gemeinsam mit (Claudia) immer vitaler, immer gesunder werdet...

Vielleicht habt ihr manchmal das Empfinden, daß sich in euren Händen zuviel Energie ansammelt, dann könnt ihr damit leicht über (Claudias) Körper streichen, oder ihr nehmt eure Hände einen Augenblick hoch und schüttelt sie aus...

Wenn ihr spürt, daß ihr alle Energie gegeben habt, die ihr im Augenblick geben könnt, dann könnt ihr eure Hände sanft von (Claudia) lösen und noch eine Weile über ihren Körper halten... (Claudia) kann dieses Dach aus Händen spüren und genießen...

Und nun können wir noch etwas sehr Schönes für (Claudia) tun: Wir wollen sie noch ein wenig wiegen. Schiebt sanft eure Hände unter (Claudia)... Einer soll die Hände unter (Claudias) Kopf legen. Laßt eure Hände eine Weile ganz still in dieser Position... Und nun hebt (Claudia) ganz langsam und gleichmäßig hoch... langsam und gleichmäßig immer höher... bis in Brusthöhe.... In dieser Position wollen wir sie eine Minute sanft hin- und herwiegen und dabei leise summen...
(1 Minute)

Nun könnt ihr eure Arme sanft und gleichmäßig heruntersinken lassen und (Claudia) zart auf den Boden legen... Haltet eure Hände noch einen Augenblick über sie, während ein Gruppenmitglied (Claudias) Füße hält. ■

TUNNEL DER LIEBE

Alter: ab 16 Jahren
Dauer: 30 – 45 Minuten

Dies ist ein schönes Ritual, das Sie am Ende eines Tages oder auch am Ende eines Workshops benutzen können. Die Gruppenmitglieder können dabei Zuneigung, Unterstützung und Sympathie ganz handgreiflich ausdrücken. Wenn Sie möchten, spielen Sie dazu sanfte, meditative Musik.

Ich möchte euch zu einem Ritual einladen, das „Tunnel der Liebe" heißt. Zuerst wollen wir den Tunnel bauen, und das können wir auf folgende Weise tun: Stellt euch bitte in zwei Reihen gegenüber auf, so daß immer ein Gruppenmitglied vor einem anderen steht, im Abstand von einer Armlänge. Diese enge Gasse ist unser „Tunnel der Liebe". Immer ein Gruppenmitglied vom Anfang des Tunnels kann langsam durch diesen Tunnel hindurchgehen, am besten mit geschlossenen Augen. Und während der Betreffende langsam durch den Tunnel geht, werden die Mitglieder, die den Tunnel bilden, diesen Teilnehmer mit ihren Händen sanft durch den Tunnel leiten. Aber sie werden noch mehr tun: Jeder kann Arme, Hände, Schultern und Rücken und vielleicht auch den Kopf des Vorbeiwandernden liebevoll berühren und dem Betreffenden vielleicht sogar eine liebevolle Botschaft ins Ohr flüstern, z. B.: „Ich mag dich... Ich bin gern mit dir zusammen gewesen... Ich schätze dich..." usw. Wenn wir am Ende des Tunnels angekommen sind, dann können wir die Augen noch einen Augenblick geschlossen lassen, um möglichst deutlich zu bemerken, was wir auf unserem Weg durch den Tunnel alles bekommen haben. Dann öffnen wir die Augen, werden selbst ein Teil des Tunnels und stellen uns denjenigen zur Verfügung, die nach uns kommen.
(Um das Ritual zu beginnen, können Sie vorschlagen, wo der Anfang des Tunnels sein soll. Sprechen Sie die Teilnehmer an, die durch den

Tunnel hindurchgehen sollen. Fragen Sie, ob sie dazu bereit sind, ob sie sich vorstellen können, mit geschlossenen Augen zu gehen, in welchem Tempo sie gehen wollen. Ab und zu können Sie einzelne Teilnehmer, die durch den „Tunnel der Liebe" gegangen ist, fragen, wie ihnen dieses Erlebnis gefallen hat.) ■

SCHLUSSRITUAL

Alter: ab 16 Jahren
Dauer: 30 – 60 Minuten

Mit diesem schönen Ritual können Sie einem Seminar oder einem Workshop einen ungewöhnlichen Schluß geben, an den sich die Teilnehmer lange erinnern werden.
Sie benötigen ein Wollknäuel und eine Schere.

Wir haben uns jetzt zum letzten Mal hier im Kreis zusammengesetzt, und mit dieser Sitzung wird die Gruppe unwiderruflich zu Ende gehen. Wir wollen unserem Abschied eine besondere symbolische Form geben und dabei dieses Wollknäuel, das ich mitgebracht habe, benutzen.
Einer von uns wird dieses Wollknäuel als erster bekommen. Er legt sich den Anfang des Garns um die Hüfte oder um ein Fußgelenk und befestigt es dort. Dann rollt er das Wollknäuel zu einem anderen Gruppenmitglied, von dem er sich verabschieden möchte. Während dieses Gruppenmitglied den Faden um Hüfte oder Fußgelenk herumschlingt, kann der Absender des Wollknäuels mitteilen, was er diesem anderen Gruppenmitglied noch zu sagen hat. Denkt bitte daran, daß dies eine gute Gelegenheit ist, um unerledigte Dinge auszudrücken. Ihr könnt Enttäuschungen und alten Ärger ebenso aussprechen wie nicht ausgesprochene Zuneigung. Vielleicht möchtet ihr euch auch bedanken für das, was ihr von einem anderen Gruppenmitglied bekommen habt.
Wenn alles gesagt ist, setzt der Empfänger des Wollknäuels das Abschiedsritual fort.
Jeder, der das Wollknäuel bekommt, befestigt es an seinem Körper, so daß wir mit der Zeit durch ein Netz mit kreuz- und querlaufenden Fäden verbunden sind, genauso, wie es in der Zeit war, die wir

gemeinsam verbracht haben. Natürlich ist es auch möglich, daß ein Gruppenmitglied mehrere Male das Garnknäuel erhält. Achtet bitte darauf, daß niemand ausgelassen wird, und widersteht der Versuchung, die Botschaften, die ihr bekommt, zu kommentieren oder nachzufragen.

(Lassen Sie dieses Abschiedsritual sich so lange entwickeln, wie es Ihnen produktiv zu sein scheint, und stoppen Sie es dann:)

Jetzt möchte ich das Wollknäuel anhalten. Wer von euch hat immer noch etwas Wichtiges auf dem Herzen?... Dann bittet darum, daß euch das Garnknäuel hingerollt wird... Wer hat sonst noch etwas auf dem Herzen?...

(Wenn es keine dringenden Mitteilungen mehr gibt, können Sie den Schluß einleiten:)

Schaut euch noch einmal dieses Netz an, das die Gruppe in dieser letzten Sitzung hervorgebracht hat. Bemerkt eure Empfindungen, freudige und traurige. Vielleicht seid ihr zufrieden, daß ihr noch Botschaften geben konntet und daß ihr noch Mitteilungen machen konntet, die euch wichtig waren... Vielleicht habt ihr unsere gemeinsame Arbeit genossen und euch darüber gefreut, daß ihr einen Freund oder eine Freundin gefunden habt. Ich hoffe, daß sich jeder auch darüber freut, daß er jetzt nach Hause zurückkehren kann. Und ich wünsche euch, daß ihr Lust habt, mit den Anregungen, die ihr hier bekommen habt, zu experimentieren.

Nehmt all das Wertvolle, das ihr hier erlebt und bekommen habt, mit. Laßt Enttäuschungen und Frustrationen hier zurück.

Ich werde gleich eine Schere herumgeben, mit der jeder die Fäden zerschneiden kann, die ihn mit den anderen verbinden. Wenn ihr wollt, sagt uns allen dabei noch einmal Adieu. Seid euch bewußt, daß dies das Ende unserer Gruppe ist und für jeden der Anfang von etwas Neuem. Vielleicht wollt ihr zur Erinnerung an diese Gruppe ein Stück von dem Wollfaden mitnehmen und ihn solange aufbewahren, wie ihr braucht, um alle eure positiven Erfahrungen in euer Leben einfließen zu lassen. ∎

LITERATUR

Bateson, Gregory/Bateson, Mary C.: Wo Engel zögern, Unterwegs zu einer Epistemologie des Heiligen, Frankfurt/Main, Suhrkamp 1993

Driver, Tom F.: The Magic of Ritual, Our Need for Liberating Rites that Transform Our Lives and Our Communities, HarperSanFrancisco 1991

Erikson, Erik: Toys and Reasons, Stages in the Ritualization of Experience, New York, Norton 1977

Geertz, Clifford: The Interpretation of Cultures, New York, Basic Books 1973

Grün, Anselm: Geborgenheit finden – Rituale feiern, Wege zu mehr Lebensfreude. Stuttgart, Kreuz 1997

Hsün Tzu: Basic Writings, New York, Columbia University Press 1963

Imber-Black, Evan/Roberts, Janine/Whiting, Richard A.: Rituale, Rituale in Familien und Familientherapie, Heidelberg, Carl Auer, 2. Aufl. 1995

Imber-Black, Evan/Roberts, Janine: Rituals for Our Times, Celebrating, Healing, and Changing Our Lives and Our Relationships, New York, HarperCollins 1992

Kaufmann-Huber, Gertrud: Kinder brauchen Rituale, Ein Leitfaden für Eltern und Erziehende. Freiburg, Herder, 3. Auflage 1996

Lander, Hilda M./Zohner, Maria R.: Trauer und Abschied, Rituale und Tanz für die Arbeit mit Gruppen, Mainz, Matthias Grünewald 1992

Starhawk: Der Hexenkult als Ur-Religion der großen Göttin, Magische Übungen, Rituale und Anrufungen, München, Goldmann 1995

Turner, Victor: The Ritual Process, Structure and Anti-Structure, Baltimore, Penguin Books, 2. Aufl. 1974

Wall, Kathleen/Ferguson, Gary: Rituale für das Leben, Hrsg. v. Dahlke, Margit/Dahlke, Rüdiger, München, Hugendubel 1996

bücher und kassetten bei iskopress ▶

gruppenleiter

Vopel: *Lust am Leben. Phantasiereisen für Optimisten*

Vopel: *Die 10-Minuten-Pause. Mini-Trancen gegen Streß*

Vopel: *Höher als die Berge, tiefer als das Meer.*
Phantasiereisen für Neugierige

Vopel: *Handbuch für Gruppenleiter.*
Zur Theorie und Praxis der Interaktionsspiele

Vopel: *Lernstrategien und Experimente für Beratung, Training und Therapie,*
Teil 1 bis 3. (1) *Sich mitteilen lernen* (2) *Sich gesund erhalten*
(3) *Enge persönliche Beziehungen gestalten lernen*

Vopel: *Anwärmspiele,* Teil 1 + 2. *Experimente für Lern- und Arbeitsgruppen*

Vopel: *Interaktionsspiele,* Teil 1 – 6.
Akzeptierung und Angstabbau in der Anfangsphase / Wahrnehmen und
Kommunizieren / Aktivierung bei Müdigkeit und Unlust / Entwicklung
von Vertrauen und Offenheit / Beziehungsklärung und Feedback / Umgang
mit Einfluß, Macht und Konkurrenz / Konsensus und Kooperation

Klippstein: *Die goldene Pause. Streßprävention für Lehrende* (Audiokassette)

Vopel: *Metaphorische Aktionen. Ungewöhnliche Wege zur Gruppenkohäsion*

Vopel: *Anfangsphase,* Teil 1 und 2.
(1) Namen / Kontakt / Werte (2) Selbstbild / Biographisches / Ziele

Klippstein (Hg): *Zwischenspiele. Metaphorische Geschichten für Kinder und
Erwachsene* (ab 12)

Vopel: *Störungen, Blockaden, Krisen.*
Experimente für Lern- und Arbeitsgruppen

Vopel: *Materialien für Gruppenleiter,* Teil 1 – 8.
(1) *Diagnose der Gruppensituation* (2) *Gestaltung der Schlußphase*
(3) *Kommunikationsregeln in Gruppen* (4) *Umgang mit Konflikten*
(5) *Teamentwicklung* (6) *Briefe als Lernstrategie* (7) *Ziele* (8) *Lernen*

gruppentherapie

Vopel: *Lernstrategien und Experimente für Beratung, Training und Therapie,*
Teil 1 bis 3. (1) *Sich mitteilen lernen* (2) *Sich gesund erhalten*
(3) *Enge persönliche Beziehungen gestalten lernen*

Luce: *Liebe, Lust und langes Leben. Methoden, um in den Jahren der Reife
gesund, glücklich und bewußt zu leben.*

Leveton: *Mut zum Psychodrama. Ein praktischer Leitfaden*

English: *Transaktionsanalyse. Gefühle und Ersatzgefühle in Beziehungen*

Vopel: *Selbstakzeptierung und Selbstverantwortung, Teil 1 bis 3.*
(1) Konzentration / Entspannung / Wahrnehmung / Gesundheit / Ernährung /
Kleidung / Sexualität / Zeiteinteilung / Lebensgeschichte / Konflikte /
Identität (2) Stärke und Schwäche / Liebe und Ärger / Selbstachtung /
Lebendigkeit / Neugier / Risikobereitschaft / Wünsche und Phantasien /
Zukunft / soziale Entwicklung (3) Werte und Ziele / soziale Verantwortung /
Selbständigkeit und Freiheit / Umgang mit Forderungen / Zurückweisung /
Manipulation / Zuwendung / Anerkennung

kinder und jugendliche

Vopel: *Interaktionsspiele für Kinder,* Teil 1 – 4. (1) Kontakt, Wahrnehmung,
Identität (2) Gefühle, Familie und Freunde (3) Kommunikation, Körper,
Vertrauen (4) Schule, Feedback, Einfluß, Kooperation

Vopel: *Der fliegende Teppich. Leichter lernen durch Entspannung,*
Teil 1 für 6- bis 12jährige, Teil 2 für Jugendliche ab 13

Brett: *Ein Zauberring für Anna.*
Therapeutische Geschichten für Kinder von 3 bis 8 Jahren

Brett: *Anna zähmt die Monster.*
Therapeutische Geschichten für Kinder von 6 bis 12 Jahren

Ehrlich/Vopel: *Wege des Staunens. Übungen für die rechte Hemisphäre,*
Teil 1 bis 5. (1) *Kreatives Schreiben* (2) *Malen und Formen*
(3) *Phantasiereisen* (4) *Probleme lösen* (5) *Kreative Bewegung und Tanz*

Vopel: *Kinder ohne Stress. Imaginative Spiele für Kinder zwischen 3 und 12,*
Teil 1 bis 5. (1) *Bewegung im Schneckentempo* (2) *Im Wunderland der
Phantasie* (3) *Reise mit dem Atem* (4) *Zauberhände* (5) *Ausflüge im
Lotussitz*

Vopel: *Bewegungsspiele für Kinder von 3 bis 6 Jahren,* Teil 1 – 5.
(1) *Hallo Füße!* (2) *Hallo Hände!* (3) *Hallo Augen!* (4) *Hallo Ohren!*
(5) *Von Kopf bis Fuß*

Vopel: *Kommunikation im 1. Schuljahr.*
Interaktionsspiele für Schulanfänger, Teil 1 und 2

Kerksiek/Vopel: *Der Ziegenbock im Rübenfeld.*
Geschichten und kreative Bewegung für Kinder von 3 bis 8 Jahren

Vopel: *Denken wie ein Berg, fühlen wie ein Fluß. Spiele und Experimente für
eine respektvolle Einstellung zur Natur für 6- bis 12-jährige*

Alex/Vopel: *Lehre mich nicht, laß mich lernen.* Interaktionsspiele
für Kinder und Jugendliche Teil 1 – 4.
(1) Älter werden, Ängste und Befürchtungen, Anerkennung und Nähe,
Autoritäten und Vorschriften, Fehler und Erfolge, Freude und Trauer,
Freunde gewinnen (2) Gefühle, Geld, Gesundheit und Drogen, irrationale
Annahmen, Jungen und Mädchen, Krisen, Lernen (3) Liebe und
Sinnlichkeit, Mut, Natur, Selbstkonzept, Streß, Träume (4) Umwelt,
Verhaltensprobleme, Wünsche und Werte, Wut und Ärger, Zeiteinteilung

Vopel: *Interaktionsspiele für Jugendliche,* Teil 1 – 4.
(1) Werte / Ziele und Interessen / Schule und Lernen / Arbeit und Freizeit
(2) Körper / Identität / Fähigkeiten und Stärken (3) Ablösung aus der
Kindheitsfamilie / Liebe und Freundschaft / Sexualität (4) Lebensplanung /
Probleme lösen / Kooperation

Vopel: *Nicht vom Brot allein.*
Affektive Strategien zur Werteklärung für Kinder und Jugendliche

psychologische wegweiser

Luce: *Liebe, Lust und langes Leben. Methoden, um in den Jahren der Reife
gesund, glücklich und bewußt zu leben.*

Halpern: *Festhalten oder Loslassen. Wie Eltern zu ihren erwachsenen Kindern
eine bessere Beziehung herstellen können*

Halpern: *Abschied von den Eltern. Eine Anleitung für Erwachsene, die
Beziehung zu den Eltern zu normalisieren*

Halpern: *Liebe und Abhängigkeit. Wie wir übergroße Abhängigkeit in einer
Beziehung beenden können*

May: *Der sanfte Weg. Ein Meditationshandbuch*

Keleman: *Lebe dein Sterben*

Klippstein: *Mein Körper ist klüger 1 + 2:*
*Teil 1: Progressive Muskelentspannung nach Jacobson mit hypnothera-
peutischen Induktionen;*
*Teil 2: Vegetative Entspannung – Autogenes Training mit hypnothera-
peutischen Induktionen (je 5 Audiokassetten mit Begleitbuch)*

Fordern Sie unser Gesamtverzeichnis an:
iskopress, Postfach 1263, 21373 Salzhausen
Tel.: 04172 / 7653, Fax: 04172 / 6355